PROJEKTREIHE
KINDERGARTEN

RITTER UND BURGEN

Anja Mohr · Rebecca Meyer

Kaufmann Verlag

Inhalt

1 DIE BURG

2 DIE RITTER

3 LEBEN AUF EINER BURG

4 RITTERSPIELE UND FESTE

KOPIERVORLAGEN

Liebe Erzieherinnen und Erzieher,

Ritter und Gaukler, vornehme Burgfräulein und Geschichtenerzähler, Schmiede, Steinmetze und natürlich Pferde: In diesem Heft nehme ich Sie mit auf eine Zeitreise. Denn nicht nur zu Fasching oder Karneval ist das Thema „Ritter und Burgen“ bei den Kindern beliebt. Es ist zu jeder Zeit im Jahr eine Art Portal in die Welt ihrer Fantasie. In ein Reich voller Drachen, Prinzessinnen, ganz abseits unserer modernen reizüberfluteten und von Medien beherrschten Welt. **Und in dieser Welt können alle Kinder Ritter sein – egal ob Jungen oder Mädchen!**

Wie genau lebten die Menschen in der Zeit der Ritter und Burgen, im Mittelalter? Bei diesem Projekt erfahren die Kinder nicht nur, wie eine Burg aufgebaut ist und wie man auf dieser lebte, sondern sie bauen auch eine eigene, die zum Spielen und Fantasieren einlädt. Und wie wurde man zum Ritter? Welche Aufgaben hatte man und was gehörte zur Ritter(aus)rüstung? Auch diese Fragen beantworten sich die Kinder mit etwas Hilfe beim Recherchieren selbst.

Fantasieanregung mit Geschichten, Kreativaktionen und spannend aufbereitetem Sachwissen, dazu Verkleidungsideen und ein eigenes Wappen mit ritterlichem Namen: Nun fehlt nur noch ein echtes Burggespenst, das die Burg unsicher macht! Begleiten Sie die Kinder mit diesem Heft in die Zeit der Ritterturniere und vornehmen Burgfräuleins!

Das Motto unserer „Projektreihe Kindergarten“
Alle Ideen sollen Sie bei der Arbeit kompetent und zielführend unterstützen.
Darum sind sie:

- schnell einsatzbereit und leicht umsetzbar,
- in der Praxis mehrfach erprobt und für gut befunden,
- differenziert auf den Erfahrungs- und Wissenshorizont von Kindern im Alter von drei bis sechs Jahren ausgerichtet,
- klar strukturiert und im Buch schnell zu finden.

Ich wünsche Ihnen und Ihren Kindern ganz besonders viel Spaß in der Zeit der „Ritter und Burgen“!

ANJA MOHR

1

DIE BURG

Ställe und Thronsäle, Turnierplätze und Latrinen: Wie lebten die Menschen wohl früher auf ihrer Burg? Mit Fantasie, Vorstellungskraft und ein wenig räumlichem Vorstellungsvermögen starten wir unsere Reise ins Mittelalter mit tollen und kreativen Ideen rund um die Burg.

1 Burg

SACHGESPRÄCH

ALTER ab 4 Jahren

ZIELE Sprache, Wissensvermittlung

MATERIAL Sitzkissen, Bildmaterial, Bücher zum Thema „Burg“, Plakat DIN A3, DIN A5-Malblätter, Stifte, Schere und Kleber

Vor dem Einstieg ins Thema steht erst einmal die Wissensvermittlung bzw. das Abklären, was die Kinder zum Thema „Burgen“ wissen.

Besuchen Sie die Bücherei oder besorgen Sie durch einen Aushang bei den Eltern Bücher zum Thema „Burgen“. Eventuell können Sie auch Reiseprospekte verwenden, auf denen Burgen abgebildet sind.
Bereiten Sie einen Kreis aus Sitzkissen vor und legen das Bildmaterial in der Mitte des Kreises aus. Die Kinder setzen sich in den Kreis und erhalten einige Minuten Zeit, um das Bildmaterial in der Kreismitte zu betrachten und zum Ansehen in die Hand zu nehmen.

Zeitgeschichte der Burgen

Die ersten Burgen gab es schon bei den Römern. Sie bauten befestigte Wachtürme für ihre Soldaten mit dem Namen „burgus". Daher kommt auch der Name „Burg". Die ersten Burgen waren einfach und aus Holz gebaut. Sie standen meist auf Erdhügeln und waren umgeben von einem Holzzaun. Aus diesen Holzfestungen entwickelten sich im 11. Jahrhundert die steinernen Burgen, wie wir sie heute kennen.
Die Holzzäune wurden durch Ringmauern ersetzt. Auf diesen wurde ein Wehrturm errichtet, den man Burgfried bzw. Bergfried nannte. Erst waren diese Türme eckig, später rund. So waren sie schwerer zu erobern und Steine und Pfeile prallten an den Rundungen besser ab. Die Eingänge lagen sicherheitshalber im ersten Stockwerk, das man nur über eine Leiter oder Treppe erreichte. So konnten Angreifer den Turm nur schwer erstürmen. Zum Schutz der Bewohner gab es zudem Wachen, die im oberen Bereich der Mauern den besten Überblick hatten. Durch Schießscharten beobachteten sie die Umgebung und konnten, falls nötig, die Bewohner verteidigen.
Große Burganlagen hatten vor der eigentlichen Burg Vorhöfe oder Vorburgen mit Toren oder auch Zugbrücken. Es gab Wirtschaftsgebäude, Räume für Mägde und Knechte sowie Stallungen. Die Burgen dienten als Zufluchtsort für umliegende Bauern und Bewohner bei feindlichen Angriffen. Sie wurden oft an Flüssen, Felsen oder auf Berge gebaut, damit sie schwer einzunehmen und zusätzlich durch die natürlichen Gegebenheiten geschützt waren.
Im Wesentlichen gibt es drei Arten von Burgen: Zum einen gibt es die Wasserburgen – sie stehen inmitten eines Gewässers oder sind umgeben von einem Wassergraben. Zum anderen sind da die Höhlenburgen – diese sind gut in Felsen versteckt und ideal, um sich dort zu verschanzen. Die Höhenburgen, die bekannteste Art, liegen auf einem Berg oder Hügel und boten früher guten Schutz vor Angreifern.

Beginnen Sie damit, die Kinder danach zu fragen, was sie erkennen, um was es sich handelt und welches Thema das Bildmaterial oder die Bücher darstellen sollen. Kommen Sie mit den Kindern ins Gespräch und erarbeiten Sie mit ihnen je nach Interesse Fragen wie: Wann sind die Burgen etwa entstanden? Welche Zeit war das? Wie nennt man sie (Mittelalter)? Wie sah es in einer Burg aus? Wer lebte hier? Wo gingen die Leute zur Toilette? Was aßen sie? War es gemütlich auf einer Burg?
Legen Sie zum Schluss das Plakat in die Mitte und kleben Sie eine Burg darauf. Die Kinder nehmen sich ein DIN-A5-Malblatt und malen auf diesem auf, was ihnen wichtig erscheint, was sie anhand des Bildmaterials gesehen haben oder was sie ganz besonders interessiert. In diesem Beispiel ging es den Kindern um Elemente wie die Hängebrücke, aber auch für Burgtore, Schwerter, Fahnen und Fackeln, Brunnen und „Rapunzeltürme" haben sie sich interessiert.

2 Es geht auf die Burg

GESCHICHTE

ALTER ab 3 Jahren

ZIELE Zuhören, Konzentration, Merkfähigkeit

MATERIAL Sitzkissen, Buch über oder Bilder einer Burg

Diese Geschichte kann als weiterer Einstieg ins Thema „Burgen" dienen. Sie beantwortet einfache Fragen zum Aussehen und Nutzen einer Burg.

Geschichte

Heute ist ein ganz besonderer Tag, denn die ganze Familie Hauser, das sind Liam, Mama und Papa, macht einen Ausflug zur Burg Löwenstein.

Nach einer langen Autofahrt, bei der sich Liam ein Buch zum Thema „Burgen" angesehen hat, ist er erstaunt, wie groß und mächtig die Burg ist.

Schon am Eingang der Burg werden sie von einem Mann begrüßt: „Guten Tag, ihr lieben Leute, ich bin heute euer Burgführer und zeige euch die Burg. Ihr dürft mir Fragen stellen, die ich euch hoffentlich beantworten kann."

Liam schaut den Mann mit großen Augen an. Ein Burgführer, nur für ihn, Mama und Papa? Es freut ihn, dass er Fragen stellen darf, denn Fragen hat Liam viele.

Schon fängt der Burgführer an zu erzählen. Zuerst erklärt er, was das Wort Burg bedeutet, es heißt „schützende Stätte". Eine Burg war eine befestigte Anlage, die die Menschen vor dem Feind schützen sollte. Deshalb wurden die Burgen meist auf einem Hügel oder Berg gebaut. So wie die Burg Löwenstein, die auf einem Berg steht.

Dann laufen sie in den Burghof und dort erfährt Liam, wie eine Burg aufgebaut ist. In der Mitte der Burg steht ein hoher Turm – dieser wurde Bergfried genannt. Es ist der höchste Turm der Burg und war bei einem Angriff die letzte Zufluchtsstätte, wenn die Burg gestürmt wurde. Dieser Turm ist auch das Aushängeschild einer Burg, je höher der Turm und je dicker seine Mauern, desto angesehener war die Burg.

Die Burg Löwenstein ist wie die meisten Burgen von einer Ringmauer umgeben, die so heißt, weil sie sich um die ganze Burg wie ein Ring zieht. Die Mauer hat ein Tor, das im Notfall geschlossen werden konnte. Die Mauern bestehen aus rechteckigen Steinen, die nicht nur nebeneinander, sondern auch noch hintereinander gemauert wurden, damit sie möglichst dick sind. Zu allen vier Seiten hin hat die Burg Türme, auf denen die Ritter oder Bewacher der Burg Wache hielten. Die Ringmauer von Burg Löwenstein ist so dick, dass man auf ihr laufen kann, und das nennt man Wehrgang. Dieser war dazu da, die Burg zu verteidigen. Mit Pfeil und Bogen standen die Ritter nebeneinander auf diesem Gang und beschossen ihre Angreifer.

Liam und der Führer erklimmen eine hölzerne Treppe und laufen auf diesem Wehrgang einmal um die ganze Burg. Wieder im Burghof angekommen, geht es gleich zur nächsten Station.

Sie betreten ein Wohngebäude der Burg und ein großer Raum erstreckt sich vor ihnen. Der

Führer erzählt, dass das der sogenannte Palas ist, der Rittersaal. Hier feierte der Besitzer der Burg seine Feste oder empfing Gäste. Gewohnt haben die Burgherren über diesem Saal oder in einem extra Gebäude.
Sie treten wieder aus dem Saal ins Freie und der Burgführer zeigt auf kleine Hütten, die entlang der Ringmauer gebaut sind. Es handelt sich um Wirtschaftsgebäude, Stallungen und Behausungen der Bediensteten der Burg. Diese sind nicht aus Stein gebaut, sondern aus Holz, deshalb sind auch nur noch wenige zu sehen. Früher, als die Burg noch bewohnt war, standen die Hütten an der ganzen Mauer entlang verteilt.
Jetzt gehen sie noch in den Bergfried. In diesem kann man bis nach oben ins Dach schauen. Liam ist erstaunt, wie hoch der Turm ist. Eine steinerne Treppe führt nach oben und als sie oben angekommen sind, hat Liam einen tollen Blick in die Ferne. Er staunt. Genau den gleichen Blick hatte ein Ritter von diesem Turm aus vor langer Zeit auch schon. Der Ritter konnte bereits von Weitem sehen, wenn jemand auf die Burg wollte.
Hier endet auch leider schon die Führung, aber Liam und seine Eltern dürfen noch auf dem Turm bleiben und die Aussicht genießen.

Sprechen Sie mit den Kindern die Geschichte durch. Auf den Bildern können die Kinder auch die beschriebenen Orte betrachten, wie Ringmauer, Bergfried, Wehrgang, Burgtor, Burghof, Rittersaal. Sie können die Bilder auch während der Geschichte zeigen.

3 Ritterburg
KREATIVAKTION

ALTER ab 4 Jahren

ZIELE Arbeitsabläufe verstehen, Feinmotorik, Fantasie, Kreativität

MATERIAL rechteckige Schachtel/Karton, Tonkarton, weißes Papier, Kleister, Kreppklebeband, Tapetenkleister und Eimer, Lineal, Cuttermesser, Schere, Kleber, Bleistift, Filzstifte, Fingerfarbe in Grau, Pinsel

Erst eine tolle Burg bauen und sie dann auch gleich als Puppenhaus oder als Bühne für weitere Spielideen nutzen: Das geht viel einfacher als gedacht!

Türme und Burgkörper

Die Basis der Ritterburg ist eine rechteckige Schachtel/ein Karton ohne Deckel.
Für einen Turm können die Kinder mit etwas Hilfe einfach Rechtecke aus Tonkarton oder Pappe ausschneiden. Je nachdem, wie groß die Grundschachtel ist, sollten die Türme so hoch sein, dass sie noch mindestens 10 cm über dem Schachtelrand hervorgucken.
Kleben Sie gemeinsam die Türme von innen in alle vier Ecken.

Zugbrücke

Die Kinder zeichnen eine Zugbrücke auf der Vorderseite ein: Schneiden Sie diese anschließend vorsichtig mit dem Cutter halbrund aus und lassen Sie dabei den unteren Teil stehen. Denn so lässt sich die Zugbrücke wie eine echte Zugbrücke von oben nach unten öffnen und auch wieder zuklappen.

Zinnen

Damit die Türme mit Figuren bespielt werden können, versehen Sie die Türme zunächst mit einem Deckel. Zinnen dürfen bei Ihrer Burg natürlich ebenfalls nicht fehlen. Schneiden Sie mit dem Cutter oder der Schere kleine, etwa gleichgroße Rechtecke aus. Die Kinder kleben diese als Zinnen an die Türme. So können später die Figuren auf den Türmen Wache halten.

Bergfried

Eine detailreich gestaltete Ritterburg braucht auch einen Bergfried. Dazu kleben die Kinder einfach eine weitere, kleinere Schachtel in die Mitte der Burg.
Für mehr Stabilität und einen steinernen Look bekleben die Kinder nun noch die gesamte Burg mit Kleister und weißem Papier. Nach dem Trocknen können Sie dann die Burg gemeinsam mit grauer Fingerfarbe bemalen. Wenn wieder alles gut getrocknet ist, können die Kinder mit Filzstiften Steine und Fenster aufmalen oder die Fenster ausschneiden.

Die Burg ist nun bereit zum Spielen und kann mit Spielzeugfiguren bestückt werden.

4 Die Burgfahne

KREATIVAKTION

ALTER: ab 5 Jahren

ZIELE: Fantasie, Kreativität, Feinmotorik

MATERIAL: Bild einer Burg mit Fahne, Malpapier, Stifte, Leintuch, Schere, Kleber für Stoffe, Nadel, Faden, Stoffmalfarben, Zickzackschere, Besenstiel

Jede Burg zierte früher eine Fahne mit dem jeweiligen Wappen der Bewohner. Welches Wappen soll über Ihrer Burg wehen? Gibt es einen Gruppennamen, der hier gut passt? Wenn das Thema in der ganzen Einrichtung präsent ist, gestalten Sie eine Fahne, die den Namen der Einrichtung widerspiegelt.

Als Vorbereitung können Sie aus dem Leintuch die Fahne in einer Größe von 50 x 80 cm zuschneiden. Damit der Stoff nicht ausfranst, nähen Sie die Ränder um oder Sie schneiden den Stoff mit der Zickzackschere zu.

Das Wappen der Ritter

Das Wappen war sehr wichtig für den Ritter, denn nur so konnte man erkennen, wer sich in der Rüstung befand. Mit dem Wappen ausgestattet waren das Schild, der Überwurf über der Rüstung und die Pferdedecke.
Besaß der Ritter eine eigene Burg, war sein Wappen auch auf der Fahne abgebildet, die über der Burg wehte.

Im Sitzkreis können Sie mit den Kindern nun Fahnen, Wimpel und Wappen betrachten. Welche Fahne könnte über der eigenen Gruppenburg wehen?
Legen Sie den vorbereiteten Stoff oder die Fahne in die Mitte und geben den Kindern den Vorschlag weiter, dass auf diesem das Gruppenemblem gestaltet werden soll. Die Kinder sammeln erst gemeinsam Vorschläge, wie die Fahne aussehen könnte. Auf einem Malblatt können die Kinder anschließend einen Vorschlag skizzieren. Wenn der Vorschlag bei allen Kindern Zustimmung findet, können sie das Bild auf das Leintuch übertragen. Das klappt am besten mit Stoffmalfarben.

Ist die Fahne fertig, machen Sie an einer Kante eine Tunnelnaht, damit der Stock darin verschwinden kann. Dabei ein Ende zunähen und eins offen lassen, so kann der Stab nicht durchrutschen. Die Tunnelnaht können Sie aber auch ganz einfach tackern. Hier ist aber Vorsicht geboten, damit sich die Kinder nicht an eventuell abstehenden Spitzen stechen!

Nun kann die Fahne ihren Platz an der Gruppentür finden. Im Miniaturformat können die Kinder jetzt noch aus Papier und Zahnstochern eine Fahne für die Kartonburg aus dem vorhergehenden Vorschlag anfertigen.

5 Mutstein

TRAUMREISE

ALTER ab 4 Jahren

ZIELE Entspannung, Konzentration

MATERIAL Decke, Kissen, für jedes Kind einen etwas größeren Stein, wasserfester Stift

Diese Traumreise nimmt die Kinder mit auf eine Burg. Sie dient dem Erleben von Kraft und Mut in einer Fantasiekulisse, die für die Kinder spannend ist.

Schreiben Sie auf jeden der Steine auf eine Seite „Mut“ und auf die andere „Kraft“. Dunkeln Sie den Raum etwas ab. Legen Sie für jedes Kind eine Decke und ein Kissen auf den Boden. Die Kinder kommen in den Raum und jedes Kind darf sich eine Decke aussuchen und sich hinlegen. Lesen Sie nun ruhig und langsam die Geschichte vor, damit die Kinder sich das Gehörte vorstellen können.

Geschichte

Nimm eine angenehme Liegeposition ein. Die Hände liegen neben deinem Körper und du schließt deine Augen. Du nimmst einen tiefen Atemzug – ein und aus. Und noch einmal einen tiefen Atemzug – ein und aus. Du spürst deinen Körper, du spürst, wo dein Körper auf der Unterlage aufliegt und wo er nicht aufliegt. Du bist ganz bei dir und bei deinem Körper. Du kannst alles andere draußen lassen. Denn die Traumreise beginnt.
Du siehst vor dir einen breiten Weg und du gehst den Weg entlang.
Du genießt diesen warmen Sommertag und in der Ferne entdeckst du einen Berg, der vor dir aufragt.
Du näherst dich dem Berg und hoch oben entdeckst du eine Burg. Je näher du dieser Burg kommst, desto größer wird sie. Die Burg wächst und wächst.
Du siehst diese kraftvolle, riesige Burg direkt vor dir. Du gehst hinein in die Burg. Sie ist ganz einladend, ganz hell, ganz offen. Du gehst weiter durch eine Tür und stehst in einem Raum.
Er ist vom Licht durchflutet. Du fühlst dich wohl. Die Burg besteht nur aus diesem einzigen großen Raum. Du erkundest den Raum dieser Burg, was siehst du darin? Vielleicht entdeckst du etwas?
Du schaust dich weiter um und siehst, dass ein paar Steine auf dem Boden liegen. Du gehst hin zu diesen Steinen und schaust sie dir genauer an. Wohin gehören diese Steine? Du nimmst einen langsam in die Hand, ganz behutsam. Du fühlst den Stein in deiner Hand, wie fühlt er sich an? Ist er kalt? Ist er warm? Fühlt er sich rau an? Du betrachtest den Stein ganz genau, was hat er für eine Form?
Du legst den Stein wieder zurück und entdeckst noch einen weiteren Steinhaufen.
Du gehst auch zu diesem Steinhaufen und siehst, dass auf diesen Steinen etwas geschrieben steht. Du kannst es nicht lesen, aber du spürst, was auf den Steinen steht: „Kraft“ und „Mut“.

Du nimmst dir einen der Steine und fühlst ihn in der Hand. Wie fühlt sich dieser Stein an?
Der Stein gibt dir Kraft und Energie, du genießt das gute Gefühl, das von diesem Stein ausgeht.
Du nimmst diesen Stein mit, er soll dich begleiten, und langsam verlässt du die Burg. Du weißt aber, dass du jederzeit an diesen Ort zurückkehren kannst, denn du hast einen Teil der Burg mitgenommen. Einen Teil, der dir Kraft gibt. Du verlässt diese Burg gestärkt und du hast ein Lächeln auf deinem Gesicht.
Du spürst die Sonne ganz intensiv auf deiner Haut, als du die Burg verlässt. Es geht dir richtig gut. Du steigst den Berg hinab und schaust noch einmal zurück zur Burg, wie sie hell und warm von der Sonne angestrahlt wird.
Mit jedem Schritt, den du weitergehst, verschwindet die Burg ein wenig mehr. Du spürst jetzt wieder den Boden, auf dem dein Körper liegt. Du bewegst ganz langsam deine Finger, deine Zehen und deinen Körper. Du nimmst ganz achtsam wieder eine aufrechte Sitzposition ein, dann öffnest du deine Augen.

Wenn alle Kinder sitzen, holen Sie die Steine hinzu. Jedes Kind nimmt sich einen Stein und hält ihn in der Hand. Sprechen Sie über die Traumreise und darüber, was der Stein jetzt für die Kinder bedeuten könnte. Gehen Sie darauf ein, warum diese Wörter in einer Burg zu finden sind, was diese Wörter mit den Bewohnern einer Burg zu tun haben könnten.

6 Fackeln zum Spielen

SACHGESPRÄCH MIT KREATIVAKTION

ALTER ab 4 Jahren

ZIELE Wissensvermittlung, Feinmotorik, Fantasie

MATERIAL Kienspan, Feuerzeug, Eimer mit Wasser, Bild Fackel, Plastikflasche, Holzstock aus dem Wald ca. 50 cm lang, rotes, oranges, gelbes Transparentpapier, Klebeband, Schere, Kleister, Bast

Feuer war für die Menschen im Mittelalter sehr wichtig: Es war für Licht und Wärme zugleich zuständig und für die Zubereitung von Speisen, bei der Verarbeitung von Metallen, Wachs, beim Herstellen von Ziegelsteinen und Geschirr unverzichtbar. Heute haben wir kaum noch mit echtem Feuer Kontakt, denn offenes Feuer ist auch gefährlich. Zum Spielen brauchen die Kinder aber unbedingt eine echt aussehende Fackel? Hier ist eine Gestaltungsidee, die einfach toll aussieht!

Wenn es dunkel wird, schalten wir das Licht an. Und früher, als es noch keinen Strom gab? Wissen die Kinder, wie die Leute früher ihre Wohnung beleuchtet haben? Zeigen Sie den Kindern einen Kienspan und erklären Sie, dass dies eine Beleuchtungsart des Mittelalters war. Gehen

Sie mit den Kindern ins Freie und entzünden den Span, damit die Kinder erkennen, welches Licht ein solcher Span abgab. Löschen können Sie den Span wieder, in dem sie ihn einfach in einen Eimer Wasser tauchen.

Zeigen Sie nun das Bild einer Fackel. Dies waren Holzstöcke, die mit Wachs und Öl getränkt waren. Fackeln hatten eine richtig große Flamme. Ob das auch gefährlich sein konnte? Was glauben die Kinder? Natürlich! Deshalb gab es in einer Burg oftmals einen Feuerwächter. Möchten sich die Kinder eine Fackel zum Spielen selbst bauen?

Halten Sie die Plastikflasche mit dem Boden nach oben. Schneiden Sie den Boden sternförmig oder zackenartig ab. Nun sieht die Flasche ein bisschen wie ein Blütenkelch aus.
Rühren Sie den Kleister nach der Anleitung an. Jetzt sind die Kinder an der Reihe: Aus dem roten, orangefarbenen und gelben Transparentpapier reißen die Kinder Streifen. Dann bepinseln sie die Flasche mit dem Kleister und kleben die ausgeschnittenen Streifen über die ganze Länge der Flasche. Dabei dürfen die Streifen über die Spitzen und Zacken ganz oben noch etwas hinausragen, da man sie nach dem Trocknen kürzen kann. Ist die ganze Flasche beklebt, muss sie nur noch trocknen. Anschließend den Stock, wenn nötig, etwas anspitzen, damit er in den Flaschenhals passt, und mit einem Bastband umwickeln. Fertig ist die Fackel!

Die Beleuchtung der Burg

Das wichtigste Mittel, um Licht in eine dunkle Burg zu bringen, war das Kamin- oder Herdfeuer. Fackeln und Kienspäne wurden zur Beleuchtung genutzt. Der Kienspan war die Beleuchtung der armen Leute. Er wurde meist aus dem Holz einer harzreichen Kiefer geschnitzt. Es gab ihn in unterschiedlichen Längen, mit einem Durchmesser von ca. 1 cm – zur Not konnte man einen Kienspan auch einfach in die Erde stecken. Idealerweise wurde solch ein Kienspan aber auf einen sogenannten Kienspanhalter aus Eisen gesteckt, der den Span in dem jeweils benötigten Winkel hielt, damit dieser länger brannte. In großen Räumen und im Freien wurden zur Beleuchtung im Mittelalter Fackeln genutzt. Dabei handelte es sich um ein langes Holzstück, das mit Harz, Fett, Öl, Wachs oder Pech getränkt und entzündet wurde.

7 Mal einmal eine Burg!

KREATIVAKTION

ALTER ab 4 Jahren

ZIELE Feinmotorik, Kreativität, Ausdauer

MATERIAL weißes DIN A3-Blatt, Pinsel, graue Fingerfarbe, schwarzer Filzstift, Schere, Kleber, buntes Tonpapier DIN A3

Freies Malen ist sehr wichtig, denn es fördert die Vorstellungskraft. Durch das Ausgestalten der Burg mit den sichtbaren Steinen ist hier besonders die Ausdauer der Kinder gefragt.

Die Kinder malen frei, ganz ohne Vorgabe, eine Burg mit Pinsel und der Fingerfarbe auf das weiße DIN-A3-Blatt. Nach dem Trocknen wird diese Burg ausgestaltet. Die Kinder malen Steine über alle Burgmauern und versehen die Burg mit „Fenstern“ und einem Burgtor. Die Burg dann ausschneiden. Nun sucht sich jedes Kind einen farbigen Hintergrund aus dem Tonpapier aus, auf den seine Burg geklebt werden soll.

8 Aus Burg wird Burgtor

SPRACHSPIEL

ALTER ab 4 Jahren

ZIELE Wortschatzerweiterung, Sprache, Konzentration

MATERIAL Bild einer Burg, Farbstifte, DIN A5-Blätter, DIN-A2-Plakat, Kleber

Neue Wörter erfinden macht Riesenspaß! Und es geht auch ganz einfach: Die Kinder spielen hier mit Substantiven und setzen aus zwei selbstständig vorkommenden Wörtern ganz neue Wörter zusammen.

Kommen Sie mit den Kindern zu einem Sitzkreis zusammen und legen Sie das Bild der Burg in die Mitte. Die Kinder benennen die Burg und Sie leiten dazu über, dass es Wörter gibt, in denen das Wort Burg enthalten ist. Geben Sie ein Beispiel vor, wie Burgtor. Fragen Sie direkt, welche Wörter in dem Wort Burgtor enthalten sind – das Wort „Burg" und das Wort „Tor".
Die Kinder dürfen jetzt noch mehr Wörter mit „Burg-" nennen. Wenn die Kinder die Wortspielereien noch nicht ganz verstanden haben, geben Sie das Wort „Graben" vor und die Kinder verbinden es mit dem Wort „Burg". Lassen Sie die Kinder auch unsinnige Wörter bilden, ausgiebig darüber lachen und sprechen Sie über deren Bedeutung.

Einige Beispiele für ein zusammengesetztes Substantiv mit dem Wortteil Burg am Anfang: Burgtor, Burggraben, Burgruine, Burgwappen, Burgfahne, Burgherr, Burgbrunnen, Burgmauer, Burgküche, Burgfräulein, Burghof, Burgtreppe usw.

Wortbeispiele für Burg am Ende:
Ritterburg, Wasserburg, Felsenburg, Sandburg usw.

Schreiben Sie die gefundenen Wörter mit! Nun können die Kinder ihre Wörter auf einem Plakat illustrieren: Dazu kleben die Kinder die Burg in die Mitte des Plakats. In diesem Beispiel hat jedes Kind ein Wort illustriert. Die Wörter, in denen „Burg-“ der erste Wortteil ist, stehen links neben der Burg: Das Bild klebt dann also links neben der Burg. Ist „-burg“ der zweite Wortteil, kleben die Kinder ihre Bilder rechts neben die Burg. So malen die Kinder als Beispiel ein Tor oder einen Graben. Rechts neben der Burg sind hier unter anderem Wasser(burg), Felsen(burg) und Sand(burg) zu sehen.

9 Die Zugbrücke

KREATIVAKTION

ALTER ab 4 Jahren

ZIELE Gemeinschaftsgefühl, Fantasie

MATERIAL graues Tonpapier, weiße Malblätter DIN A5, rotes Tonpapier, braunes Packpapier, Schere und Kleber

In die Ritter-und-Burgen-Zeit eintreten, leicht gemacht: Gestalten Sie den Eingang des Gruppenraums als Burgtor. Wie auf einer echten Burg muss man zuerst das Burgtor passieren, um auf/in die eigentliche Burg zu kommen.

Haben die Kinder eine Idee, wie man aus der Raumtür ein Burgtor machen könnte? Rechts und links neben die Tür hängen Sie beispielsweise 50 cm breit das braune Packpapier auf. Hier können Sie die Torwächterhäuser darstellen, indem die Kinder das braune Papier mit aus dem weißen Malpapier ausgeschnittenen Steinen bekleben. Da die Steine einer Burg nicht gerade waren, schneiden die Kinder einfach frei aus den DIN-A5-Blättern aus.

Die so entstandenen „Steine“ kleben Sie versetzt auf das Packpapier. Nun aus dem roten Tonkarton zwei Dächer basteln und auf die „Häuschen“ setzen. Nach Wunsch noch ein größeres Dach für die Tür basteln. Für die Ketten der Zugbrücke aus dem grauen Tonpapier Streifen von 20 cm Länge und 4 cm Breite schneiden. Mit dem ersten Streifen eine Schlaufe kleben und danach immer einen Streifen nach dem anderen durchziehen und zu einem Ring zusammenkleben, bis eine lange Kette entstanden ist. Das eine Ende der Kette an der Hälfte des Türrahmens befestigen und das andere in etwa einem Meter Abstand zur Tür auf dem Boden. Auch mit einer zweiten Kette so verfahren.

Die Breite der Tür nehmen und das Packpapier etwa einen Meter lang auf dem Boden ankleben. Dazu können Sie doppelseitiges Klebeband verwenden. Aber auch die Übergänge zwischen Papier und Boden sollten Sie abkleben, damit niemand stolpert oder hängen bleibt. Die Dächer der Torhäuser können noch mit Fahnen geschmückt werden. Den Eingang zum Gruppenzimmer verschönert nun eine Zugbrücke. So gelangen die Kinder schon beim Eintreten in die Welt der Ritter, Burgen und Drachen.

10 Das Katapult

TECHNIK MIT KREATIVAKTION

ALTER ab 4 Jahren

ZIELE Feinmotorik, Technik

MATERIAL Holzspatel, Korken, kleine bunte Haushaltsgummis, Plastikdeckel (Flasche), bunte Wattekugeln oder Tischtennisbälle, Kleber (Heißkleber)

In diesem Beispiel entwickeln die Kinder ein Spiel, bei dem kleine Geschosse mit Katapulten in ein Ziel geschossen werden.

Die dicken Mauern boten den Menschen in der Burg Schutz vor Angreifern. Doch immer wieder haben Feinde versucht, eine Burg zu erstürmen. Dazu benutzten sie ein Katapult. Wissen die Kinder, was das ist? Machen Sie es vor: Mit Mundspatel oder Eisstiel, Korken und einem Wattebausch deuten Sie an, wie es funktionieren könnte.
Möchten sich die Kinder solche Katapulte basteln? Das geht so: Einen Holzspatel so auf den Korken legen, dass zwei Drittel auf einer Seite hinausragen. Mit Kleber fixieren und dann mit einem Haushaltsgummi noch umschlingen, damit der Spatel sicher hält. Am Ende des längeren

Das Katapult

Das Katapult ist im eigentlichen Sinn eine Waffe und diente dazu, Wurfgeschosse auf die Gegner zu schleudern. Bei der Belagerung einer Burg wurden Brandsätze, große Steinbrocken, ganze Ladungen kleinerer Steine und viele andere Wurfgeschosse geschleudert. Dies diente dazu, die Burg verwundbar zu machen und sie leichter erstürmen zu können.

Stückes Spatel den Plastikdeckel ankleben. Schon ist das Katapult fertig und kann mit einer Wattekugel als Munition beladen werden. Einfach die kurze Seite des Holzstäbchen herunterdrücken und schon saust die Watte durch die Luft.
Spielen Sie mit den Kindern Zielschießen, stellen Sie dazu eine Schüssel in die Mitte und die Kinder versuchen, ihren Wattebausch oder Tischtennisball in die Schüssel zu bekommen.
Lassen Sie das Angebot damit ausklingen, dass sich die Kinder weitere Spielideen mit ihren Katapulten ausdenken.

2

DIE RITTER

Ritter hatten Pferde und tolle Rüstungen und waren die Helden des Mittelalters – oder? Wie lebten sie wirklich? Und wie wurde man denn überhaupt zum Ritter? In diesem Kapitel erfahren die Kinder dies und viele weitere spannende Details aus dem Leben der Menschen in der Zeit der Burgen und Turniere.

11 Tristan, der Knappe

GESCHICHTE

ALTER	ab 4 Jahren
ZIELE	Konzentration, Aufmerksamkeit, Zuhören
MATERIAL	Sitzkissen

Wie wird man ein Ritter? Beantworten Sie die Frage mit der Geschichte von Tristan. Es wird erzählt, wie Tristan seine Kindheit verbringt, wie er Knappe wird und schlussendlich seinen Ritterschlag erhält. Die Geschichte besteht aus zwei Teilen und kann an zwei aufeinanderfolgenden Tagen vorgelesen werden.

Geschichte

1. Teil – Tristan wird Knappe

Vor vielen Jahren stand irgendwo die Burg Löwenstein. Es war keine große Burg, aber sie hatte zwei Türme, ein Tor mit Zugbrücke und war umgeben von einer hohen Mauer und einem Wassergraben.
Die Burg gehörte dem Ritter Kunibert von Löwenstein und seiner Frau Kunigunde. Sie hatten einen Sohn mit Namen Tristan. Als Tristan klein war, spielte er den ganzen Tag auf dem Burghof und in den Ställen, lief hinter den Erwachsenen her, schaute zu, was sie machten, und versuchte, es ihnen nachzutun.
Einer der Knechte schnitzte ihm ein hölzernes Schwert und ein anderer machte ihm einen Bogen und Pfeile. Mit diesen übte Tristan das Schießen auf irgendein Ziel. Er selbst bastelte sich aus allem, was er finden konnte, eine kleine Ritterrüstung und sein Vater schenkte ihm einen alten Helm. Mit Rüstung, Helm und Schwert spazierte er nun den ganzen Tag durch die Burg.
Als Tristan sieben Jahre alt war, wurde er Page und hatte Glück: Er durfte die Ausbildung zum Ritter in der Burg seines Vaters beginnen. Viele andere, die die Ausbildung zum Ritter machten, mussten die Burg der Eltern schon mit sieben Jahren verlassen. Von nun an durfte er nicht immer nur spielen, sondern musste vieles lernen. Beim Burgpfarrer lernte er lesen und schreiben, beim Pferdeknecht alles über Pferde. Der Waffenmeister brachte ihm bei, wie man die Rüstung und die Waffen pflegte und sie für einen Kampf bereit machte. Am Wichtigsten war es jedoch, das Kämpfen zu lernen. Das machte Tristan am meisten Spaß. Natürlich nicht mit echten Waffen, sondern mit solchen aus Holz. Viele Stunden übte er nun, ein Schwert zu

schwingen, mit einer Lanze zu stechen und auch auf dem Rücken eines Pferdes seine Übungen zu machen.
So vergingen viele Jahre und als Tristan 14 Jahre alt war, sagte sein Vater Kunibert, dass es Zeit würde, als Knappe zu einem Ritter in die Lehre zu gehen. So verabschiedete er sich von seiner Mutter Kunigunde und sein Vater begleitete ihn zu der Burg Bärenfels. Tristan war sehr gespannt, was nun auf ihn zukommen würde.
Unterwegs gab der Vater ihm noch so manchen guten Ratschlag, aber Tristan konnte gar nicht richtig zuhören, weil er so aufgeregt war.
Nachdem sie einige Stunden geritten waren, tauchte die Burg Bärenfels vor ihnen auf. Tristan war überwältigt von der Größe und Pracht dieser Burg. Bärenfels war viel größer, die Burgmauer viel dicker und die Türme viel höher als auf der Burg Löwenstein.
Sie ritten zu einem Pferdestall und dort kamen zwei Männer auf sie zu. Der ältere der beiden Ritter begrüßte sie freundlich: „Ihr seid sicher der Ritter Kunibert von Löwenstein und du bist dann der Tristan. Ich heiße euch herzlich willkommen hier in Bärenfels. Ich bin Graf Ulrich und dies hier ist der Ritter Johann von Eichberg. Er ist hier in unserer Burg für die Ausbildung der Knappen zuständig."
Tristan durfte sich noch von seinem Vater verabschieden und bekam dann sein Quartier gezeigt. Es war eine kleine Kammer neben dem Pferdestall, die er sich mit zwei weiteren Knappen teilen musste.
Gleich am nächsten Tag begann die Ausbildung. Tristan musste nun unter der Aufsicht und Anleitung von Ritter Johann viele Dinge noch besser lernen, als er es schon zu Hause auf Burg Löwenfels geübt hatte. Schnelles und sicheres Reiten, die Betreuung und Pflege der Pferde, den Umgang mit Waffen, Kampfübungen, die Pflege der Rüstung und Waffen. Er lernte, sicher mit echtem Pfeil und Bogen zu schießen und mit dem Speer gezielt werfen zu können.
Auf der Jagd musste er das Verhalten der Tiere beobachten. Auch im Stall und in der Landwirtschaft musste er mithelfen und sogar Mahlzeiten musste Tristan zubereiten lernen. Ein angehender Ritter und Burgherr musste sich auf all diesen Gebieten auskennen.
Ritter Johann schonte ihn nicht, so musste Tristan über Mauern und auf Bäume klettern, durch Gräben schwimmen, sich im Wald lautlos anschleichen und sich nach dem Stand der Sonne und der Sterne orientieren. Damit seine Muskeln stärker werden, musste er den Hof fegen und Steine schleppen. Abends war er meistens todmüde.
Von der Gräfin Adelheid lernte er gutes Benehmen und Tischmanieren, vor allem, dass man nicht mit ungewaschenen Händen zu Tisch kommen durfte und dass man nicht mit vollem Mund redete.
Täglich betete er in der Burgkapelle.
Bei Festlichkeiten bediente er die Ritter am Tisch, brachte ihnen Speisen und Getränke. Wehe, wenn er dabei Fehler machte! Einmal passierte es Tristan, dass er den Wein statt in den Becher über den Kopf des Ritters goss. Oje, gab das einen Ärger! Zwei Tage wurde er zur Strafe eingesperrt.

2. Teil – Der Ritterschlag

So vergingen die Jahre und die Knappenzeit ging dem Ende entgegen. Da sagte Ritter Johann eines Tages zu ihm: „Du hast jetzt viel gelernt und bist schon mit auf der Jagd gewesen. Jetzt kannst du alleine zur Jagd gehen. Die Küche braucht einen Rehbraten."

Tristan war begeistert, sattelte sein Pferd und verließ die Burg. Schon bald stieß er auf ein Rudel Rehe und es gelang ihm, mit einem gut gezielten Schuss einen alten Bock zu erlegen. Er legte ihn vor sich quer auf den Rücken seines Pferdes und ritt gemütlich zur Burg zurück.

Jetzt erhielt Tristan immer mehr Aufgaben, die einem Ritter gleichkamen, und nach einiger Zeit sagte Ritter Johann zu ihm: „Der Graf hat gesehen, dass du dich als Knappe bewährt hast, du sollst jetzt zum Ritter ernannt werden."

Tristan freute sich sehr und wartete mit Spannung auf den großen Tag.

Schon Tage vorher begannen die Vorbereitungen. Der Burghof wurde gefegt, der Festsaal und die Burgkapelle festlich geschmückt. Für das Festmahl wurden Wildschweine gejagt. In einer großen Scheune wurde der ganze Fußboden mit einer dicken Schicht Stroh bedeckt, damit die vielen erwarteten Gäste schlafen konnten. Viele Gäste kamen, darunter auch Tristans Eltern, und es gab ein fröhliches Wiedersehen. Man hatte sich lange Jahre nicht gesehen.

Die Feier begann für Tristan damit, dass er am Abend vor seinem Ritterschlag in die Kapelle ging und dort vor dem Altar niederkniete, um zu beten. Die ganze Nacht kniete er und am Vormittag versammelten sich alle Gäste in der Kapelle zum Gottesdienst. Der Kaplan hielt eine Predigt, in der er Tristan ermahnte, als „christlicher Ritter" zu leben, und erklärte auch, was das bedeutete: dem Burgherren treu zu dienen, die Kirche und den Glauben zu fördern, niemandem Unrecht zu tun, Frauen und Kinder zu beschützen, Kranken und Schwachen zu helfen, die Bösen zu bekämpfen und stets Gutes zu tun.

Der Gottesdienst endete mit einem schönen Lied und dann gingen alle in den Burghof. Auf einer erhöhten Plattform standen Graf Ulrich und Ritter Johann. Die anderen Gäste standen in einem großen Kreis um die Plattform herum und reckten die Hälse, um ja alles sehen zu können.

Tristan musste vor dem Grafen niederknien, dieser berührte ihn mit der flachen Seite des Schwertes auf jeder Schulter und dem Kopf – so schlug er Tristan zum Ritter. Danach durfte Tristan aufstehen, der Graf drückte ihm fest die Hand und sah ihm freundlich in die Augen, Ritter Johann trat hinzu und gürtete ihm sein Schwert um, und auch von ihm gab es einen festen Händedruck. Damit war die Zeremonie für Tristan vorbei. Jetzt war er der Ritter Tristan von Löwenstein und konnte seine Ernennung mit allen Anwesenden feiern.

Vom Pagen zum Knappen

Die Ausbildung zum Ritter dauerte 14 Jahre und begann im Alter von 7 Jahren. Die ersten 7 Jahre der Ritterausbildung hießen Pagenzeit. Ein Page musste lernen zu reiten, zu schwimmen und mit den Fäusten zu kämpfen. Die nächsten 7 Jahre waren die Knappenzeit. Ein Knappe musste mit dem Schwert und mit Pfeil und Bogen kämpfen können. Außerdem musste der Knappe sich um das Pferd des Herrn kümmern.

Der Ritterschlag

Am Ende der Knappenzeit erfolgt der „Ritterschlag", die Verleihung des Rittertitels. Diese Zeremonie fand zunächst in einer Kirche statt, dort wurden die Waffen des Ritters gesegnet. Danach legte der Herr der Burg dem jungen Ritter das Schwert um. Dann erfolgte der Ritterschlag: Der kniende Ritter wurde mit der flachen Schwertklinge auf jeder Schulter und auf dem Kopf berührt und somit war der Ritterschlag vollzogen.

Der Ritter

Ein Ritter musste viele Eigenschaften besitzen und großmütig, wohlerzogen und freigiebig sein. Er sollte die Schwachen und Wehrlosen beschützen, das hieß, er musste kämpfen und sie verteidigen. Hatte der Ritter den Ritterschlag mit 21 Jahren erhalten, waren Geld und Beziehungen von sehr großer Wichtigkeit, wenn er irgendwann sein eigener Burgherr sein wollte. Im Kampf für einen Dienstherren musste er sich beweisen und konnte als Dank ein Stück Land erhalten, auf dem er seine Burg bauen konnte. Um sich körperlich fit zu halten und für die Ehre nahm der Ritter an Turnieren teil.

12 Mein eigener Ritter

KREATIVAKTION

ALTER ab 4 Jahren

ZIELE Feinmotorik, Kreativität, Fantasie

MATERIAL Kopiervorlage „Ritter Spielfigur“, Toilettenpapierrollen, grauer oder silberner Tonkarton, Feder, Schere, Kleber, Tonkartonreste, schwarzer Stift, Tonpapier in Hautfarbe, Holzspieß

Ein Ritter als Spielfigur? Hier fertigen sich die Kinder ihr Spielzeug (fast) ganz allein an.

Die Kinder umkleben die Rolle mit dem grauen Tonkarton. Die Vorlage vom Helm und der Lanze auf den grauen Tonkarton übertragen und ausschneiden. Das Gesicht auf ein Stück hautfarbenes Tonpapier aufmalen, ausschneiden und mit Augen, Nase und Mund versehen. Beim Schild entscheiden die Kinder, auf welche Farbe Tonkarton sie dieses übertragen, und schneiden es dann aus.
Aus dem grauen Tonkarton vier jeweils 1 cm dicke und 4 cm lange Streifen schneiden, die die Arme und Füße des Ritters darstellen. Die Füße noch etwas spitz zuschneiden. Das Gesicht mittig auf dem Helm aufkleben und mehrere kleine Striche über dem Gesicht auf dem grauen Tonkarton ziehen, damit es aussieht, als hätte der Ritter sein Visier geöffnet.
Das Helmteil an die Rolle kleben. Die Füße unter die Rolle und die Arme an jede Seite der Rolle kleben. An einem Arm den Holzspieß befestigen, an diesen oben das Lanzenteil kleben. Die Kinder verzieren mit Papierresten den Schild und befestigen ihn am zweiten Arm. Wenn nötig, können die Arme und Füße des Ritters noch gekürzt werden. Jetzt ist der Ritter bereit zum Spielen!

13 Ritternamen und Wappen

SACHGESPRÄCH MIT KREATIVAKTION

ALTER ab 3 Jahren

ZIELE Sprache, Fantasie, Kreativität, Feinmotorik

MATERIAL Sitzkissen, Farbstifte, Malblätter

Bei diesem Gespräch sucht sich jedes Kind einen Namen aus, den es als Ritter tragen möchte. Dann wird ein Wappen entworfen, dies kann passend zu dem Namen sein.

Fällt den Kindern ein Rittername ein? Fragen Sie die Kinder, wie sie selbst gern als Ritter oder Ritterdame heißen würden? Dabei ist es egal, ob der eigene Name des Kindes darin vorkommt. Der Name kann Eigenschaften des jeweiligen Kindes verdeutlichen, zum Beispiel: Sven von Lauterstein, Mia von Schwarzhaar. Aber auch die Straße, in der die Kinder wohnen, kann mit eingebracht werden, wie bei Tobias vom Adlerfelsen (Adlerstraße). Genauso kann der Nach-

name der Kinder umgewandelt werden, wie Marco von Malfels – Nachname Maler. Die Kinder können sich gegenseitig helfen und sich auch Vorschläge machen. Helfen Sie nur, wenn die Kinder keinerlei Ideen haben.
Sind die Namen gefunden, schreiben Sie diese alle auf, damit sie nicht vergessen werden.

Im zweiten Schritt der Beschäftigung dürfen die Kinder sich ein eigenes Wappen zu ihrem Namen überlegen. Jedes Kind entwirft auf einem Blatt Papier sein Wappen. Dabei spielen Farben und Formen keine Rolle. Es ist alles erlaubt, egal ob ein Wappentier wie ein Drache, ein Löwe, ein Bär oder ein Adler abgebildet ist oder Kronen, Kreuze und Sterne verwendet werden. Unter das Wappen schreiben Sie den neuen Namen des Kindes.

Das Wappen der Ritter

Das Wappen setzte sich aus Farben, Symbolen und Tierfiguren zusammen. Meist wurden nur vier Farben verwendet. Die häufigsten Tiere, die verwendet wurden, waren der Löwe und Adler, als Zeichen der Kraft und des Mutes. Der Ritter konnte es zusätzlich mit Kreuzen oder Bildern aus der Pflanzenwelt und von Himmelskörpern schmücken. Häufig entsprachen die Wappen auch dem jeweiligen Namen. Wenn jemand „von Drachenstein“ hieß, war auf dem Schild ein Drache zu sehen.

14 Die Rüstung

SACHGESPRÄCH MIT KREATIVAKTION

ALTER ab 4 Jahren

ZIELE Wissensvermittlung, Merkfähigkeit, Konzertration

MATERIAL Kopiervorlagen „Ritter 1 + 2“, Bild Ritter, Stück Metall, Kopiervorlage, Schere, Malstifte

Auf spielerische Weise erfahren die Kinder, was der Ritter alles anlegen musste, bis er in seiner vollen Rüstung dastand.

Kopieren Sie die Vorlage und schneiden Sie die einzelnen Rüstungsteile zu. Im Sitzkreis betrachten Sie gemeinsam mit den Kindern den Ritter ohne Kleider und die Ausrüstungsgegenstände sowie die Kleider um ihn herum. Wissen die Kinder, woraus die Rüstung der Ritter bestand? Geben Sie das Metallstück herum. Ziehen Sie den Ritter nun gemeinsam an. Dabei kleben oder legen die Kinder die einzelnen Stücke auf die Ritterfigur, während sie gemeinsam alle Teile benennen.

Die Rüstung

Zu Beginn des Rittertums bestand die Rüstung aus dem Kettenhemd und Ledergamaschen oder Metallschienen, die als Beinschutz dienten.
Der Brustpanzer wurde auf die Körperform des jeweiligen Ritters angepasst und von einem Plattner gefertigt. Er bot dem Ritter einen optimalen Schutz gegen Schnitt- und Stichwunden im Brustkorb.
Auch der Helm veränderte sich stetig, so ließ er anfangs das Gesicht noch komplett ungeschützt. Dann kam der Nasenhelm und erst hundert Jahre später war das gesamte Gesicht bedeckt mit dem Topfhelm mit beweglichem Visier.
Zu Beginn des 14. Jahrhunderts kamen die Kniekacheln und Metallplatten für Arme und Beine hinzu. Komplett in Metall gehüllt war der Ritter dann gegen Ende des 14. Jahrhunderts mit dem Eisen- oder Stahlharnisch. Dieser bot zwar größtmögliche Sicherheit, doch eines hatte der Ritter nicht bedacht: Durch die immer schwerer werdende Rüstung wurde er zugleich immer unbeweglicher.

Unter der Rüstung trug der Ritter das Unterzeug, ein Unterhemd und eine Unterhose aus Leinen. (1)*
Strümpfe hießen damals noch Beinlinge und waren meist aus Wolle gefertigt. Darüber kam ein Paar Schuhe aus weichem Ziegenleder. (2)
Über dem Unterhemd trug man einen abgesteppten, meist mit Pferdehaar oder Hanf ausgepolsterten Rock. (3)
Danach zog man die Beinschienen über das ganze Bein und befestigte sie mit Lederbändern an dem Gürtel. (4)
Dann kam der Brust- und Rückenpanzer. Dieser wog etwa 15 kg und wurde an den Seiten mit Lederbändern geschlossen. (5)
Um den Bauch wurde eine Schenkeldecke oder Bauchreifen angebracht. Damit wurde der Körper zwischen Brust und Füßen geschützt. (6)
Dann wurde die Armschienen übergestreift und am Brustpanzer befestigt. Über Schulter und Armzeug wurden die Schulterplatten gelegt und auch am Brustpanzer befestigt. (7)
Dann zog der Ritter die Rüsthandschuhe an, die innen mit einem Lederhandschuh ausgestattet waren, sowie den Helm. (8)
Zu guter Letzt wurde der Wappenrock mit dem Wappen, der zur Erkennung diente, übergezogen. Nun fehlten nur noch die Waffen. (9)

Wie war es wohl, wenn man so viel anziehen musste? Wie fühlte sich der Ritter mit all den schweren Kleidern und Rüstungsteilen? Richtig, der Ritter war nun zwar sehr gut geschützt, doch leider sehr unbeweglich. Dazu kam, dass man sehr viel Kraft haben musste, wenn man die Rüstung mit sich herumschleppen musste. Deshalb sah man Ritter sehr wenig laufen, sondern auf einem Pferd sitzen. Auf dieses Pferd wurden sie meistens mit einem Seil gehievt.

TIPP Bemalen Sie die Einzelteile mit den Kindern und laminieren Sie alles ein. Geben Sie die Teile in eine Schachtel, so können die Kinder den Ritter immer wieder an- und ausziehen.

* siehe Kopiervorlagen

15 Der faltige Ritter

KREATIVAKTION

ALTER ab 4 Jahren

ZIELE Feinmotorik, Fantasie

MATERIAL braunes und rotes Faltpapier 15 × 15 cm, Kopiervorlagen „Ritter 1 + 2", Tonpapier in Hautfarbe, blaues Papier, Goldfolie, Stifte, Schere und Kleber, schwarze Wolle

Diese Aktion kombiniert verschiedene Techniken miteinander, wie Falten, Schneiden und Malen. Sie lässt viel Freiraum für die Kreativität und Fantasie der Kinder.

Für das Pferd wird ein Blatt braunes, weißes oder schwarzes Faltpapier in der Mitte gefaltet und an dieser Linie durchgeschnitten. Die entstandenen Rechtecke werden beide in der Mitte gefaltet, so entstehen zwei 15 cm lange Streifen. Einen Streifen im oberen Drittel so umklappen, dass ein rechter Winkel entsteht – das ist der Kopf. Den zweiten Streifen etwa in der Mitte falten – das ist der Körper. Diesen in die Öffnung des ersten Streifens stecken, sodass beide Füße gleich lang sind, und so auf ein farbiges Malblatt kleben. Mit der Wolle entstehen die Mähne und der Schweif des Pferdes. Das Pferd außerdem mit einem Auge versehen. Der Schweif und die Mähne können alternativ auch aufgemalt werden.
Für den Ritter aus dem roten Faltpapier einen Drachen falten. Dabei das Faltpapier diagonal falten und zwei Ecken zu dieser Linie falten. Den Drachen/Mantel aufs Pferd kleben. Mithilfe der Kopiervorlagen „Ritter 1 + 2" den Kopf, das Schwert und den Helm aufmalen, ausschneiden und ankleben. Der Ritter bekommt nun noch ein Gesicht. Die Kinder können ihr Werk nach Lust und Laune noch weiter ausgestalten.

16 Mein Ritterhelm

KREATIVAKTION

ALTER ab 4 Jahren

ZIELE Feinmotorik, Kreativität, Fantasie

MATERIAL Tonkarton DIN A2, Schere, Kleber, 2 Musterklammern, Büroklammer, Bleistift, Fingerfarben, Pinsel, Krepppapier

Jeder Ritter braucht natürlich auch einen Helm. Ruckzuck gemacht ist dieser Helm, bei dem die Kinder möglicherweise noch ein wenig Hilfe benötigen.

Der Helm

Auf den Tonkarton ein Rechteck, ca. 55 cm lang und 25 cm hoch, aufmalen und ausschneiden. Dieses Rechteck sollte etwas höher als der Kopf des Kindes sein.
Als Nächstes das Loch für das Gesicht aufmalen. Dazu das Rechteck vor das Gesicht halten und in der Höhe der Augen einen Schlitz oder ein schmales Rechteck ausschneiden. Den Tonkarton zu einer Röhre zusammenkleben und mit den Büroklammern fixieren, bis der Kleber getrocknet ist. Die Röhre auf den Tonkarton stellen und mit einem Stift umfahren. So entsteht ein Kreis. Um diesen Kreis zeichnen Sie einen zweiten, etwa zwei cm breiteren Kreis. Diesen zweiten Kreis ausschneiden und Zacken bis zum Innenkreis einschneiden. Das ist der Helmdeckel. Die Zacken nach innen knicken, mit Kleber versehen und den Deckel auf den Helm kleben.

Das Visier

Dann kommt das Visier: Ein weiteres Stück Tonkarton von ca. 30 × 20 cm in der Mitte zusammenfalten. Im gefalteten Zustand von der geschlossen Seite aus schräg Streifen, etwa 1 cm breit, aus dem Karton schneiden. Wichtig: Nicht durchschneiden, sondern auf einem Rand von 3 cm stehen lassen. Dem Visier oben eine Rundung geben und unten den letzten Schnitt schräg durchschneiden. Das Visier mittig vor die Öffnung halten und an den Seiten mit den Musterklammern am Helm befestigen. Die Kinder bemalen die Helme nach ihren Wünschen.

Letzte Schritte

Nach dem Trocknen können die Kinder oben auf dem Helm noch Krepppapierstreifen ankleben.

17 Burgfräuleinhut

KREATIVAKTION

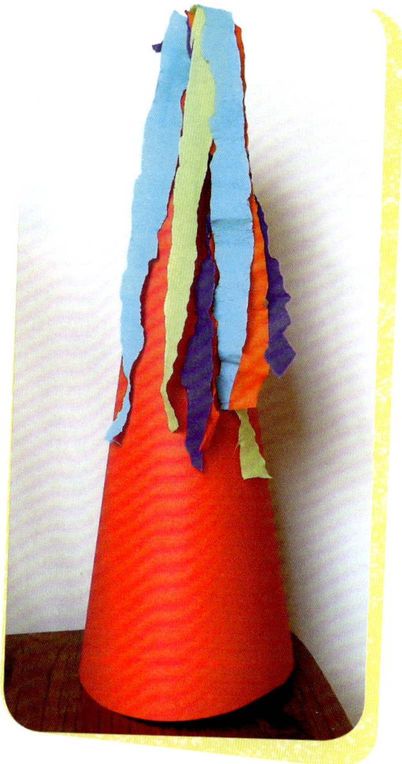

ALTER ab 3 Jahren

ZIELE Kopfbedeckung kennenlernen, Feinmotorik

MATERIAL Tonkarton DIN A2, Klebestreifen, Chiffontuch oder Krepppapierstreifen

Zu einem echten Burgfräulein gehört auch ein vornehmer Hut, der wie ein Kegel auf den Haaren sitzt. Feine Tücher schmücken seine Spitze und wehen zart hin und her.

Den Tonkartonbogen zu einem Kegel drehen und am Kopf des Burgfräuleins Maß nehmen. Nun können Sie den Hut durch Drehen weiter oder enger machen. Den Hut abnehmen und mit Klebestreifen von innen fixieren, sobald die richtige Passform gefunden ist. Überstehenden Tonkarton können Sie mit einer Schere entfernen.
Die Spitze etwas abschneiden, sodass ein etwa fingergroßes Loch entsteht. In dieses Loch das Chiffontuch oder 5–6 Krepppapierstreifen stecken und von innen mit Klebestreifen befestigen. Um ganz sicherzugehen, dass den Kindern der Hut nicht vom Kopf rutscht, könnte man noch ein Gummiband oder zwei Schleifenbänder an den Seiten befestigen.

18 Der Schild

KREATIVAKTION

ALTER ab 4 Jahren

ZIELE Feinmotorik, Fantasie, Kreativität

MATERIAL feste Pappe 40 x 40 cm, Schere, Kleber, Wachsmalstifte, Papierreste, Filzstifte

Einen echten, tollen Ritterschild kann man ganz schnell herstellen. Form und Größe der Schilde variierten auch im Mittelalter schon beträchtlich, sodass Ihre Kinder ganz frei gestalten können.

Auf feste Pappe zeichnen die Kinder die gewünschte Schildform auf und schneiden die Grundform anschließend aus. Wenn es sich um sehr feste Pappe handelt, können Sie den Kindern dabei helfen. Auf die Vorderseite malen die Kinder ihr eigenes Wappen. Hier können sich die Kinder auch wieder an ihrem Fantasie-Ritternamen (s. Seite 31) orientieren. Das Wappen gestalten die Kinder mit Wachsmalstiften oder Filzstiften bunt. Wer mag, darf seinen Schild auch mit Papierresten ausgestalten. Auf der Rückseite kleben Sie mit Heißkleber zwei breite Pappstreifen so fest, dass Unterarm und Hand bequem hineinpassen und die Kinder ihr Schild gut halten können.

Der Schild des Ritters

Mit einem Schild schützt sich ein Ritter im Kampf vor Schwerthieben und Lanzenstößen. Auch darauf war das Wappen abgebildet. Daran sah man, wer der Ritter war und für wen er kämpfte (z. B. Ritter des Königs). Die Schilde durften nicht zu schwer sein, mussten aber sehr stabil sein.

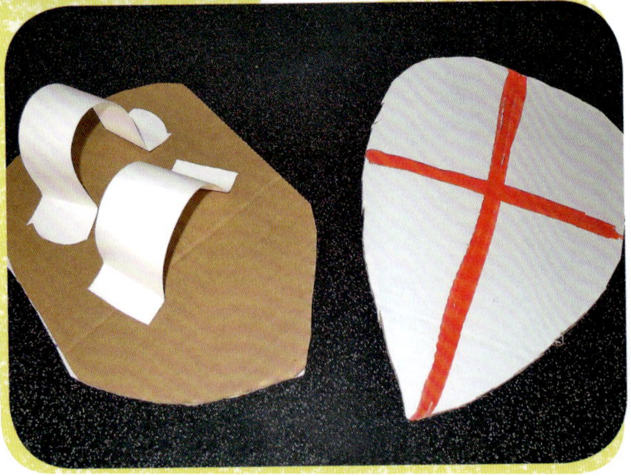

19 Mein Ritterschwert

KREATIVAKTION

ALTER ab 4 Jahren

ZIELE Feinmotorik, Fantasie

MATERIAL fester Pappkarton 40 × 20 cm, Schere, Fingerfarbe in Braun oder Schwarz, Alufolie, Kleber, Pinsel, Bleistift

Zu einem richtigen Ritter gehört, neben seinem Schild, auch ein Schwert. Früher waren Schwerter so wichtig, dass manche sogar ihre eigenen Namen erhielten.

Die Kinder zeichnen die Umrisse eines Ritterschwertes auf den Pappkarton. Etwa ein Drittel für den Griff in Kreuzform und zwei Drittel für die Klinge, die etwa 4 cm breit sein sollte. Nun schneiden die Kinder das Schwert aus. Ist der Karton zu dick für eine Schere, schneiden Sie das Schwert mit einem Cutter aus. Den Cutter sollten wegen der Verletzungsgefahr aber nur Erwachsene benutzen.

Um ein besonders stabiles Ritterschwert zu erhalten, können Sie einfach zwei Pappschwerter mit Flüssigkleber übereinanderkleben. Die Kinder bemalen den Griff mit brauner oder schwarzer Fingerfarbe und die Klinge wird mit der Alufolie beklebt. Alternativ kann die Klinge aber auch mit grauer Fingerfarbe bemalt werden.

TIPP Besprechen Sie mit den Kindern den Umgang mit den Schwertern!

20 Ein Tag mit Ritter Fürchte-dich-nicht

BEWEGUNGSAKTION

ALTER ab 4 Jahren

ZIELE Grobmotorik, Freude an der Bewegung, Fantasie

MATERIAL ein Gymnastikstab für jedes Kind, Seile, Tischtennisbälle, Matten, Langbank, Helm, Schwert, Schild der Kinder

Nach der Bastelaktion von Helm, Schild und Schwert ist die Ausrüstung nun komplett. Wie wäre es, wenn die Kinder sie nun in einer Bewegungsgeschichte zum Einsatz bringen können?

Stellen Sie die Langbank an einer Seite des Raumes umgedreht auf. Legen Sie eine Matte aus und stellen Sie die Tischtennisbälle in einem Korb bereit. Legen Sie die Seile an verschiedenen Stellen des Raumes in gerader Linie aus.
Kommen Sie mit den Kindern im Bewegungsraum zusammen. Die Kinder bringen ihren Helm, das Schwert und den Schild mit. Setzen Sie sich gemeinsam in einen Kreis und erzählen Sie, dass sich heute alle in einen Ritter verwandeln und gemeinsam eine Erlebnisreise machen werden. Die Kinder stellen sich hin und setzen den Helm auf. Schwert und Schild legen sie noch an die Seite.

Geschichte

Ich kenne einen Ritter, den Ritter Fürchte-dich-nicht. Der ist ein toller Kerl und er lädt uns heute ein, ihn auf seine Abenteuer zu begleiten. Aber so können wir nicht mitgehen. Unsere Rüstung haben wir schon angelegt und jetzt brauchen wir noch ein Pferd. Kommt, wir holen es aus dem Stall und schwingen uns aufs Pferd!
Die Kinder holen sich einen Gymnastikstab und klemmen ihn zwischen die Beine

Kommt, wir reiten los!
Den Stab festhalten und im Pferdegalopp durch den Bewegungsraum reiten.

Aber wir müssen immer auf der Hut sein und natürlich Ausschau nach Feinden im Wald halten.
Vorsichtig reiten und den Oberkörper dabei richtig schön strecken.

Da scheint sich etwas zu bewegen, lasst uns absteigen und unser Schwert nehmen.
Kinder legen den Stock hin, nehmen Schild und Schwert in die Hand und gehen langsam und vorsichtig durch den Raum.

Doch keine Gefahr, es ist nur ein kleiner Hase, der weghoppelt. Also keine Räuber, dann reiten wir weiter.
Schwert und Schild ablegen und wieder den Stab zwischen die Beine klemmen und im Pferdegalopp durch den Bewegungsraum reiten.

Oh, da sind Hindernisse, springt darüber.
Die Kinder springen über ausgelegte Seile.

Jetzt sind wir lange geritten, ich bin schon ganz steif. Kommt, steigt ab, wir machen jetzt ein wenig Rittergymnastik mit unserem Schwert.
Der Stab wird auf den Boden gelegt, wieder Schild und Schwert nehmen. Bei den Übungen den Helm absetzen.
Die Kinder springen vorwärts und rückwärts mit geschlossenen Beinen über den Stab. Das Schwert nach oben strecken, dann nach unten, links und rechts. Den Oberkörper schnell nach links und rechts drehen.

Jetzt sind wir richtig fit und gehen zur Burg. Außerdem habe ich ganz schönen Hunger bekommen.
Helm aufsetzen und durch den Raum laufen, dabei auch mal rennen oder „bergsteigen".

So, endlich angekommen. Kommt, wir gehen in die große Burghalle, aber zuerst ziehen wir unseren Helm aus. Wir setzen uns an die gedeckte Tafel, nehmt euch nur reichlich zu essen.
Kinder setzen sich und spielen das Essen mit den Fingern.

Nun sind wir gestärkt und satt, da können wir doch noch ein kleines Ritterfest feiern.
Auf dem Ritterfest sind immer Hofnarren, die zeigen ihre Kunststücke. Seht ihr, was sie mit den Eiern machen?
Jedes Kind bekommt einen Tischtennisball und darf ihn hochwerfen und wieder fangen. Den Ball auf der Hand balancieren, ihn auf den Boden legen und durch den Raum pusten. Die Kinder können sich die Bälle auch zuwerfen.

Jetzt kommen die Akrobaten dran. Seht mal, wie die Purzelbäume machen.
Die Kinder machen auf der Matte Purzelbäume.

Und jetzt noch die Seiltänzer. Wie die balancieren können.
Alle Kinder gehen über die umgedrehte Langbank. Anschließend in der Mitte eine Drehung machen, auf der Bank in die Hocke gehen und wieder aufstehen.

Das war ein schöner Rittertag, mich hat er richtig müde gemacht. Deshalb gehe ich jetzt schlafen. Legt euch alle mal hin. Legt euer Schwert und Schild neben euch.
Kinder legen sich auf den Boden und schließen die Augen.

Das Ritterleben war früher schön und anstrengend. Man musste reiten, mit einem Schwert umgehen können, eine schwere Rüstung tragen und immer nach Feinden Ausschau halten. Ich hoffe, es hat euch heute gefallen und wir werden bald neue Abenteuer mit dem Ritter Fürchte-dich-nicht erleben.

Beenden Sie damit diese Bewegungseinheit.

21 Fünf Ritter

FINGERSPIEL

ALTER ab 2 Jahren

ZIELE Feinmotorik, Sprache

MATERIAL Sitzkissen

Diese kleine Geschichte von den fünf Rittern erzählen die Kinder nur mit ihren Händen – in einem Fingerspiel.

Kommen Sie mit den Kindern zu einem Sitzkreis zusammen und lesen Sie ihnen das Fingerspiel zunächst einmal vor. Erarbeiten Sie nacheinander gemeinsam zu den einzelnen Sätzen die Bewegungen. Anschließend wiederholen Sie das Fingerspiel mehrmals, bis die Kinder die Bewegungen selbst machen und vielleicht schon mitsprechen können.

Ein böser Drache zog übers Land und erschreckte die Menschen sehr.
Er fauchte dabei fürchterlich.
Den Daumen einer Hand von unten an die Finger legen und die Hand auf und zu bewegen.
Die Hand in verschiedene Richtungen bewegen und fauchen.

Fünf Ritter wollen den bösen Drachen fangen
5 Finger der anderen Hand zeigen.

Der erste Ritter traut sich alleine nicht,
Daumen zeigen.

der zweite zittert ganz ängstlich.
Zeigefinger zeigen.

Der dritte, der will auch nicht alleine gehen,
Mittelfinger zeigen.

der vierte schafft das nie im Leben.
Ringfinger zeigen.

Der fünfte aber spricht: „Allein kann ich es nicht, deshalb fangen wir ihn zusammen."
Kleinen Finger zeigen.

So sind fünf Ritter sehr mutig und fangen den Drachen geschwind.
Hand legt sich über die andere Hand.

3

LEBEN AUF EINER BURG

Kommen Sie mit auf die Burg und essen, trinken und spielen Sie mit den Kindern, wie es die Menschen vor vielen Hundert Jahren getan haben! Erfahren Sie gemeinsam, wie abenteuerlich und spannend das Leben auf einer Burg sein konnte und was für unterschiedliche Menschen hier früher gelebt haben.

22 Der Steinmetz

SACHGESPRÄCH MIT KREATIVAKTION

ALTER ab 5 Jahren

ZIELE Kreativität, Fantasie, Feinmotorik, Wissen

MATERIAL großer Stein, Ytong-Steine, Hammer, Meißel, Feile, Säge, Blätter, Stifte

Steinmetz war ein wichtiger Handwerksberuf in der Zeit der Ritter und Burgen. Ohne diesen Beruf wären manche Burgen nie gebaut worden und viele Steintafeln aus dieser Zeit nicht entstanden.

Besorgen Sie ein bis zwei Ytong-Steine, die Sie vorab etwas zerkleinern, sodass für jedes Kind ein etwa 20 × 20 cm großes Stück entsteht. Der Stein lässt sich auch sehr gut mit einer Säge zerlegen.

Kommen Sie mit den Kindern zu einem Kreis zusammen und fragen gezielt noch einmal nach, wie eine Burg erbaut wurde. Man brauchte schließlich ziemlich viele Steine, doch diese konnte man nicht einfach irgendwo einsammeln.
Zeigen Sie den Kindern einen großen Stein und erklären, dass man mit einem solchen Stein auf keinen Fall eine Burg bauen könnte. Die Steine mussten zuvor bearbeitet werden. Dafür gab es einen Beruf, der sich Steinmetz nannte. Manche Steinmetze waren so geschickt, dass sie auch Motive oder Bilder in die Steine hauen konnten.

Burg- und Landbewohner

Der Burgherr herrschte nicht nur über die Burg selbst, sondern auch über das gesamte Land um die Burg herum. Bauern bewirtschafteten hier die Felder, Weiden und Wiesen und sorgten so für die Nahrung. Die Rechte und Pflichten dem Burgherrn und dem Land gegenüber waren genau im sogenannten Lehenswesen und dem zugehörigen Treueschwur festgelegt. Im Gegenzug verteidigte der Burgherr das Land mit seinen Bewohnern gegen Feinde und Räuber. Auf der Burg selbst lebten viele Menschen, vom Hofnarren über die Küchenmagd und den Stallmeister bis hin zum Minnesänger.

Die Steine der Burg

Steinmetz und Steinbildhauer gehörten zu den die wichtigsten Handwerksberufen des Mittelalters. Der Steinmetz bearbeitete die Steine für Bauwerke, während der Steinbildhauer Kunstwerke wie Statuen, Bildstöcke und Grabsteine aus Stein herstellte.
Um Steinmetz werden zu können, musste ein Mann zunächst eine Ausbildung als Maurer abgeschlossen haben. Mit langer Erfahrung und bei besonderer Begabung konnte er dann Steinmetz oder Steinbildhauer werden. Die Lehrzeit konnte bis zu sieben Jahre dauern. Danach konnte er in einer Burg eine eigene Werkstatt aufbauen und Lehrlinge ausbilden. Meist musste er diese Burg auch ein Leben lang nicht mehr verlassen, weil an einer Burg immer an-, umgebaut oder auch repariert wurde.

Die Stände des Mittelalters

Im Mittelalter waren die Menschen in drei gesellschaftliche Stände eingeteilt:
Der erste Stand wurde von den Geistlichen gebildet. An ihrer Spitze stand der Papst.
Die Adeligen und Ritter bildeten den zweiten Stand. Sie herrschten, verteilten das Land und schützten seine Menschen mit ihren Waffen.
Mehr als 80 % der Bevölkerung des Mittelalters gehörten dem dritten Stand an. Das waren die Bauern und Handwerker. Die Bauern arbeiteten auf den Feldern ihres Herrn. Sie lebten auf dem Land in Hütten, in denen ganze Familien, die Tiere und das Saatgut in einem Raum untergebracht waren. Im Krieg oder bei einem Angriff flüchteten sie in die Burg. Die Handwerker hatten einen besseren Stand, lebten oft ständig in der Burg und hatten durch ihren Beruf ein leichteres Leben.

Zeigen Sie den Kindern die Ytong-Steine. Bevor es losgeht, zeichnet jedes Kind auf einem Blatt eine Skizze vor, die es anschließend auf den Stein übertragen wird. Toll, wenn Sie mit jedem Kind einzeln besprechen können, wie man dem Stein am besten zu Leibe rückt. Dazu stellen Sie den Kindern am besten auch das Werkzeug (Meißel, Feile, Säge usw.) vor und besprechen die Handhabung. Danach dürfen die Kinder ihr Steinstück bearbeiten.

HINWEIS Da es sich beim Bearbeiten der Steine um eine „staubige“ Angelegenheit handelt, sollte dieses Angebot im Freien stattfinden.

23 Der Schmied

SACHGESPRÄCH MIT KREATIVAKTION

ALTER ab 5 Jahren

ZIELE Fantasie, Kreativität, Wissen, Feinmotorik

MATERIAL leere Konservendosen in verschiedenen Größen, Hammer, dicke Nägel, Draht, Zange, Heißkleber, wasserfeste Stifte, Alufolie, Aluschalen, große Wackelaugen

Auch der Beruf des Schmieds war in der Zeit der Ritter und Burgen sehr wichtig. Die Aufgaben des Schmieds waren u. a. das Beschlagen der Pferdehufe mit Hufeisen, aber er stellte natürlich auch die Waffen, Rüstungen, Kettenhemden und manchmal auch Schmuck her. In dieser Kreativaktion machen es die Kinder den mittelalterlichen Schmieden nach und arbeiten mit Blech und Metall.

Sammeln Sie durch einen Aushang leere Blechdosen in verschiedenen Größen. Achten Sie darauf, dass diese keine scharfen Kanten haben.

Setzen Sie sich mit den Kindern an einen Tisch und stellen die Blechdosen dazu. Gehen Sie auf das Thema „Ritter" und deren Rüstung ein: Die Rüstungen waren aus Metall und dieses Metall musste jemand bearbeiten, damit eine Rüstung entstehen konnte. Die Kinder sollen sich nun die Dosen noch einmal genauer anschauen, denn diese sind aus Metall, genau aus demselben Material wie die Rüstungen der Ritter.

Erklären Sie den Kindern nun die Aufgaben. Aus den Dosen sollen sie einen Ritter bauen. Sie überlegen selbstständig, was ihr Ritter braucht: zwei Arme, zwei Beine, Körper und Kopf. Zum Verbinden der Dosen helfen Sie mit Heißkleber oder die Kinder verbinden die Dosen durch Draht miteinander. Dazu können sie mit einem Hammer und dem Nagel Löcher in die Dosen hämmern. Mit Alufolie können ein Schwert und ein Schild gestaltet werden. Ein Helm kann aus einer Aluschale entstehen. Nun nur noch die Wackelaugen aufkleben und der Dosenritter ist fertig.

Der Schmied

Der Beruf des Schmieds genoss im Mittelalter fast das höchste Ansehen. Die Eisenverarbeitung war von sehr großer Bedeutung und brachte viele verschiedene hochspezialisierte Berufszweige hervor. Fast jede Burg im Mittelalter hatte einen eigenen Hufschmied, Waffenschmied und Plattner, der die Rüstungen schmiedete. In ihren Werkstätten wurden die Pferde beschlagen, Pflüge repariert, Rüstungen und Waffen geschmiedet oder in Stand gesetzt.
Die Plattner waren die reinsten Metallkünstler, die äußerst geschickt mit dem schwer zu bearbeitenden Material umgingen und viele verschiedene Schmucktechniken entwickelten, um die Rüstungen prunkvoller und aufwendiger zu gestalten.

24 Kinder auf der Burg

SACHGESPRÄCH MIT KREATIVAKTION

ALTER ab 4 Jahren

ZIELE Wissensvermittlung, Kreativität und Fantasie

MATERIAL Schuhkarton, grauer Tonkarton, Pinsel, schwarzer Stift, Cutter, Murmeln, Schere, Kleber, Leder, Locher, Lederband oder Wolle

Viel Spielzeug gab es in der Zeit der Ritter und Burgen noch nicht. Doch die Kinder wussten sich zu beschäftigen …

Das Burgspiel herstellen

Gestalten Sie vorab aus dem Schuhkarton eine Burg. Nehmen Sie dazu die Länge und die Breite einer Seite und übertragen diese Maße auf den grauen Tonkarton als Rechteck. Aus diesem Rechteck gestalten Sie die Kulisse einer Burg, indem Sie einfach eine zweidimensionale Burgdarstellung aufzeichnen und ausschneiden. Wenn es Ihre Zeit erlaubt, können Sie die Burg auch noch bemalen oder bekleben. Nun kleben Sie die „Burg" vorne an der Schmalseite des Kartons an. Als nächsten Schritt schneiden Sie sechs halbrunde Öffnungen unten in den Karton und entfernen nach Möglichkeit auch etwas vom Boden, damit später die Kugel ungehindert in den Karton rollen kann. Fertig ist ein tolles Geschicklichkeitsspiel, das Sie später einsetzen können.

Eine eigene Schatzbörse schneidern

Fertigen Sie ein Muster für einen Kreis von 30 cm Durchmesser an. Legen Sie diesen auf das Leder. Die Kinder schneiden sich auf diese Weise einen Kreis aus. Wenn Sie keine Lederstücke in Ihrer Einrichtung zur Verfügung haben oder sie nicht extra anschaffen möchten, können Sie den Kreis auch aus Stoff anfertigen. Machen Sie um den Kreis in einem Abstand von 1,5 bis 2 cm Löcher, durch die die Kinder das Lederband (oder ersatzweise ein Stoffband) fädeln.

So sahen früher Geldbörsen aus. Man bewahrte Münzen, Schmuck und andere wertvolle kleine Gegenstände darin auf. Die Kinder können sich Murmeln in ihre Börsen stecken, denn die benötigen sie für das Burgspiel.

Das Burg-Murmelspiel

Was spielten die Kinder wohl früher auf der Burg? Fernseher, Lego und vieles andere gab es noch nicht. Stattdessen mussten die Kinder früh im Haushalt mithelfen, lernten sticken, nähen, weben und spinnen. Sie halfen auch beim Versorgen der Tiere und beim Saubermachen. Aber manchmal hatten die Kinder auch Zeit zum Spielen und dachten sich Spiele aus. Gerne spielten sie mit Steinen oder Kugeln – so ähnlich, wie die Kinder es in diesem Spiel können.

Stellen Sie die gebastelte Burg in die Mitte. Versuchen Sie gemeinsam, eine Murmel in eines der Löcher zu schubsen. Gelingt es den Kindern, ihre Murmeln zu versenken? Für dieses Spiel können sich die Kinder selbst Spielregeln ausdenken und festlegen, z. B. in welchem Abstand die Kugel in die Löcher gerollt werden soll.

TIPP Wenn das Spiel mit den Murmeln den Kindern Spaß macht, können Sie auch einen festen Murmeltisch einrichten. Kleben Sie dabei an die Kanten des Tisches Kartonstücke, die etwa 2 cm über den Rand hinausragen. Dadurch fallen die Kugeln nicht auf den Boden.

25 Der Geschichtenerzähler

MITMACHGESCHICHTE

ALTER ab 3 Jahren
ZIELE Zuhören, Konzentration
MATERIAL Stuhl

Auf der Burg gab es natürlich auch Musikanten, Sängerinnen und Sänger und Geschichtenerzähler. Diese Künstler waren sehr beliebt, denn es gab ja keine Fernseher und Radios. Was die Geschichtenerzähler so zum Besten gaben? Vielleicht die Geschichte von Ritter Lauf-schnell-weg …

Das Leben auf einer Burg konnte auch ganz schön langweilig sein. Das glauben die Kinder nicht? Im Winter, wenn es schon sehr früh dunkel wurde und das Licht des Feuers nicht zum Arbeiten ausreichte, gab es oft nichts zu tun. Dann schlug die Stunde der Geschichtenerzähler. Möchten die Kinder eine solche Geschichte anhören? Sie handelt vom Ritter Lauf-schnell-weg, der unterwegs war von Ritterturnier zu Ritterturnier. Machen Sie die Bewegungen und Geräusche immer vor und fordern Sie die Kinder auf, die Geschichte auch mit diesen zu begleiten.

Geschichte

Der Ritter Lauf-schnell-weg liegt in seinem Zelt und schläft.
schnarchen

Er wacht auf und reckt sich und streckt sich.
recken

Er bemerkt, wie sein Magen knurrt.
knurren

Der Ritter hat Hunger und da hat er eine gute Idee!
mit dem Finger an die Stirn tippen

Er krabbelt aus seinem Zelt und ruft seinen Knappen herbei: „Knappe Rudi, Knappe Rudi!“
Hand an den Mund, rechts und links rufen

Knappe Rudi kommt schnell angelaufen,
mit den Füßen auf den Boden trampeln

dann gehen sie zusammen auf Jagd. Zuerst laufen sie über einen Weg …
mit den Händen auf die Beine klatschen

… dann über eine Wiese …
Hände gegeneinanderreiben

… und über eine alte Holzbrücke.
mit der Faust auf den Sitz trommeln,

Die beiden stampfen noch durch den Sumpf.
Schmatzgeräusche

Ritter Lauf-schnell-weg und Knappe Rudi kommen
an einen hohen Berg und steigen hinauf.
Kletterbewegungen

Als sie oben sind, schauen sie nach links
und rechts.
Seemannsblick, rechts und links schauen

Plötzlich hören sie ein Getrampel, …
mit den Füßen trampeln

… eine Staubwolke ist zu sehen.
Das Getrampel wird lauter und kommt
näher.
lauter trampeln

Oje, eine wilde Horde Ritter ist im Anmarsch.
Schnell zurück!
erschreckt schauen

Sie laufen den Berg hinab, durch den Sumpf, über die Brücke,
durch die Wiese, über den Weg und verstecken sich schnell im Zelt.
alle Bewegungen in schneller Reihenfolge durchführen.

Greifen Sie die Geschichte um den Ritter Lauf-schnell-weg wieder auf. Wie lustig war es, so eine Geschichte zu hören? Hätte den Burgbewohnern diese Geschichte wohl auch gefallen? Warum vielleicht eher nicht?

26 Burg-Mahlzeiten

SACHGESPRÄCH MIT LECKEREM REZEPT

ALTER ab 4 Jahren

ZIELE Wissensvermittlung, backen, kochen, Umgang mit Lebensmitteln, Arbeitsabläufe in der Küche kennenlernen

MATERIAL Löffel, Topf, Schneebesen, Schüssel

ZUTATEN FÜR JEDES KIND 20 g feine Vollkornhaferflocken, 100 ml Wasser, etwas Öl, Fruchtpüree

Das tägliche Essen war nicht sehr üppig im Mittelalter und als warme Mahlzeit gab es meistens eine Suppe oder Eintopf. Haben die Kinder Lust, sich eine echte Mittelaltersuppe zu kochen, so, wie die Leute es früher vielleicht auch gemacht haben?

Kommen Sie mit den Kindern zu einem Sitzkreis zusammen und legen Sie einen Löffel in die Mitte. Klar, alle Kinder wissen, was das ist. Aber was hat der Löffel mit dem Mittelalter zu tun? Lassen Sie die Kinder zuerst fantasieren und ergänzen durch die Antwort, dass man in der Zeit der Ritter am Tisch meistens nur einen Löffel brauchte. Denn wenn kein Fest auf der Burg gefeiert wurde, gab es meist nur einfache Mahlzeiten. Die Kinder zählen auf, was mit einem Löffel gegessen werden kann, wie Suppe, Eintopf, Brei … Das aßen die Bauern und die Arbeiter auch. Es gab schon zum Frühstück einen Brei, zum Mittagessen meist einen Eintopf und abends wieder einen Brei. Der Brei wurde aus verschiedenen Getreidesorten und der Eintopf aus Gemüse gekocht. Ganz selten gab es Fleisch, denn das aßen meistens nur die reichen Leute – und auch hier gab es nicht jeden Tag Fleisch. Und auch Zucker kannten die Menschen damals noch nicht. Es gab also nur sehr, sehr selten etwas Süßes, das dann meist mit Honig zubereitet war – oder mit frischen Früchten.

Kochen Sie nun mit den Kindern gemeinsam einen Haferbrei mit Fruchtpüree. Dazu die entsprechende Menge an Haferflocken mit dem Wasser zusammen in einen kleinen Topf geben und aufkochen. 2 bis 3 Minuten leicht weiterköcheln lassen.
Etwas abkühlen lassen und zusammen mit dem Obstpüree zu einem Brei verrühren. Und schon kann das Mittelalter-Frühstück beginnen!

27 Der Ziehbrunnen

KREATIVAKTION

ALTER ab 4 Jahren

ZIELE Feinmotorik, Fantasie

MATERIAL Tonkarton in Weiß und Braun, schwarzer Stift, Farbstifte, Schere, Kleber Lineal

Auch die Menschen auf einer Burg brauchten Trinkwasser. Darum befand sich im Burghof ein Ziehbrunnen. Diesen zu bauen war meist eine anstrengende Sache, da es bis zum Grundwasser oft viele Meter waren.

Zur Vorbereitung schneiden Sie aus dem weißen Tonkarton für jedes Kind zwei Karten in der Größe 12 × 17 cm zu. Malen Sie auf eine Karte an der unteren Hälfte ein Quadrat 10 × 10 cm auf.
Über dem Quadrat machen Sie mittig einen Schnitt von ca. 5 cm. Am oberen Rand der Karte machen Sie übereinanderliegend (Abstand 0,5 cm) und genau in der Mitte zwei 1 cm große Einschnitte. Schneiden Sie aus dem braunen Tonkarton Streifen von ca. 14 cm Länge und 0,5 cm Breite zu.

Den Rest erledigen nun die Kinder. Zeigen Sie ihnen ein Bild von einem Ziehbrunnen. Wissen die Kinder, was das ist? Wofür brauchte man ihn? Genau, es war wichtig, dass alle Menschen hier Wasser holen konnten, denn ohne Wasser können wir nicht leben. Wir brauchen es zum Waschen, Putzen, zum Kochen und vor allem zum Trinken. Dass der Brunnen innerhalb der Burgmauern stand, war sehr wichtig, damit die Menschen auch Wasser hatten, wenn die Burg belagert wurde. Gehen Sie darauf ein, wie ein solcher Brunnen gebaut wurde und wie er funktionierte.

Teilen Sie an die Kinder die Karte mit dem aufgezeichneten Quadrat aus. Dieses Quadrat sollen die Kinder mit Steinen bemalen, sodass es aussieht wie ein richtiger Brunnenrand. Auf den braunen Tonkarton malen die Kinder einen Eimer, der in den Einschnitt passt, am besten nicht größer als 4 cm in der Breite. An diesem Eimer wird der vorbereitete Streifen des braunen Tonkartons angeklebt. Die Kinder schieben den Eimer in den Schlitz. Den Streifen oben an den beiden übereinanderliegenden Schnitten einfädeln. Diese Schnitte sind dazu da, dass der Eimer gerade aus dem „Brunnen" gezogen wird. Nun können die Kinder durch Ziehen am Streifen „Wasser schöpfen".
Drehen Sie die Karte um und machen am äußeren Rand einen Klebestrich und sparen dabei die obere Seite aus, darauf kleben Sie die zweite Karte. Jetzt kann der Eimer immer wieder im Brunnen versenkt werden, um Wasser zu „schöpfen". Wer mag, darf die Karte auf der Vorderseite noch weiter ausgestalten.

28 Lou, das Burggespenst

KLANGGESCHICHTE

ALTER ab 3 Jahren

ZIELE Konzentration, Merkfähigkeit, Instrumentenkunde

MATERIAL ein Gong mit Schlegel, ein Schellenkranz, Klanghölzer, Becken, Trichter, Handtrommel, Quietscheente

Zu einer echten Burg gehört auch ein Burggespenst, das sein Unwesen in einer mittelalterlichen Burg treibt. Lassen Sie es mit einer Klanggeschichte lebendig werden!

Kommen Sie mit den Kindern zu einem Sitzkreis zusammen und lesen Sie zunächst die Geschichte von „Lou, dem Burggespenst" vor. Sprechen Sie darüber, vor welchem Gespenst Lou Angst hatte. Anschließend überlegen Sie gemeinsam, welche Geräusche in der Geschichte vertont werden können. Mögliche Stellen sind in der Geschichte fett gedruckt. Fragen Sie die Kinder, wie sich das entsprechende Geräusch anhören sollte. Stellen Sie dazu die Instrumente bereit und entscheiden gemeinsam, welches Instrument sich für welches Geräusch eignet. Erarbeiten Sie die Namen und die Handhabung der Instrumente.

- Für die Uhr: der Gong mit Schlegel
- Für das Kettenrasseln: der Schellenkranz
- Für die Fensterläden: Klanghölzer
- Für das Scheppern: Becken
- Für den Wind: Trichter zum Hineinblasen
- Für das Türquietschen: Quietscheente
- Für die Schritte: Handtrommel

Geschichte

Als auf der Burg Drachenfels **die Uhr zwölfmal** schlägt, erwacht Lou, das Burggespenst. Es reckt und streckt sich und öffnet das Visier der Ritterrüstung, in der es immer diese schrecklich hellen Tage verbringt, bis endlich die Gespensterstunde ruft. Lou liebt die verfallene und verlassene Burg, in der er lebt. Hier kann er mit den **Ketten rasseln** und er freut sich, wenn der **Wind** durch die verlassenen Gänge **pfeift** und die **Fensterläden klappern**. Am meisten freut sich Lou darüber, dass außer ihm niemand auf der Burg lebt.
Doch was ist das? Ein **lautes Scheppern** erschreckt Lou. Das war im großen Rittersaal. Lou beginnt, ein bisschen zu zittern. Wer ist hier?
Leise **quietschend** öffnet er die Tür des Rittersaals. Er muss nachschauen, doch er fürchtet sich auch ein wenig. Die Tür **quietscht** noch einmal und Lou schwebt in den Saal und duckt sich dabei. Schnell schwebt er in eine Ecke und da hört er ganz leise **Schritte**, die in seine Richtung laufen.

Was soll Lou tun? Ein Gespenst fürchtet sich nicht, aber Lou fürchtet sich sehr. Die **leisen Schritte** bleiben stehen und Lou traut sich, aus der Ecke zu spähen. Er sieht zwei Gespensteraugen. Schnell drückt er sich wieder in seine Ecke. Lou hat es genau gesehen, ein anderes Gespenst ist in seiner Burg.
Erst will er nicht, dann schaut er doch wieder aus der Ecke – und was sieht er? Das andere Gespenst schaut in seine Richtung und faucht. Er sieht das Gespenst jetzt genau an, es ist ganz schwarz und hat gelbe Gespensteraugen. Aber es schwebt nicht wie er, sondern ist klein, läuft auf vier Beinen und hat einen langen Schwanz.
Lou nimmt all seinen Mut zusammen und mit einem lauten und gruseligen „Huhuuuuu!" schwebt er aus der Ecke auf das andere Gespenst zu. Das lässt ein erschrecktes „Miau" hören und rennt, so schnell es kann, aus dem Rittersaal.
Das wäre geschafft! Lou ist erleichtert, er hat das andere Gespenst verjagt. Er ist wieder alleine auf seiner Burg und nimmt sich die Ketten. Lou **rasselt** ganz laut, damit alle anderen Gespenster wissen, dass dies seine Burg ist.

29 Mein eigenes Burggespenst

KREATIVAKTION

ALTER ab 5 Jahren

ZIELE Feinmotorik, Fantasie

MATERIAL Toilettenpapierrolle, graues Papier, schwarzer Stift, weißer Stoff, Schaschlikspieß, Styroporkugel (2 bis 2,5 cm), Flüssigkleber, Schere, weißer Faden

Dieses Gespenst erscheint schwuppdiwupp und verschwindet wieder – ein lustiges Spiel, das die Kinder begeistert. Möchten sich die Kinder ihr eigenes Schwuppdiwupp-Gespenst herstellen?

Die Toilettenpapierrolle mit dem grauen Papier bekleben. Auf die beklebte Rolle malen die Kinder Steine und Fenster wie bei einer Burg. Aus dem weißen Stoff einen Kreis von ca. 10 cm Durchmesser ausschneiden. Die Styroporkugel mit Kleber bestreichen und auf den Mittelpunkt des Kreises legen. Die Kugel dann mit dem Stoff ganz bedecken, bevor der Stoff unten an der Kugel mit dem weißen Faden zusammengebunden wird. Die Spitze des Schaschlikspießes mit Kleber bestreichen und unten in die Kugel stecken. Jetzt den Stoff am Spieß fest zusammenbinden. Auf die Kugel können die Kinder ein Geistergesicht malen. Die Figur jetzt von unten durch die Rolle schieben, so weit, dass das Ende des Stoffes von innen an die Rolle geklebt werden kann. Alles trocknen lassen und dann kann das Burggespenst im Turm verschwinden und wieder hervorgeistern.

TIPP Alternativ können die Kinder den Stoff auch außen an der Rolle befestigen.

30 Gespensterkegeln

KREATIVAKTION MIT SPIEL

ALTER ab 3 Jahren

ZIELE Fein- und Grobmotorik, Spaß und Freude

MATERIAL Kopiervorlage „Gespenst“, 9 leere Plastikflaschen à 1 Liter, weißer Tonkarton, schwarzer Stift, doppelseitiges Klebeband, Schere, Ball

Alle neune: Bei diesem lustigen Kegelspiel fallen keine Kegel, sondern Gespenster um – zumindest bei guten Keglern.

Kommen Sie mit den Kindern an einem Tisch zusammen und stellen eine der leeren Flaschen auf den Tisch. Was passiert wohl, wenn Sie den Ball an die Flasche rollen? Es gibt ein Spiel, bei dem nicht Flaschen fallen, sondern Kegel. Dieses Spiel heißt Kegeln. Wir spielen das Spiel mit Gespenstern. Dazu können die Kinder einfach die Vorlage der Gespenster neunmal auf den weißen Tonkarton übertragen und ausschneiden. Dann Augen und Mund aufmalen und die Gespenster mit doppelseitigem Klebeband auf die Flaschen kleben. Die Flaschen aufstellen und schon kann es losgehen: Durch Rollen mit einem Ball versuchen die Kinder nun, die Flaschen umzuwerfen. Wenn die Flaschen zu schnell umfallen, können sie mit etwas Wasser oder Sand gefüllt werden, sodass sie besser stehen.

4

RITTERSPIELE UND FESTE

Auf einer Burg waren Feste eine gern gesehene Abwechslung. Sie wurden im Festsaal nach einem Turnier oder zu Hochzeiten, Taufen und Ritterschlägen gefeiert.

31 Alwin von Drachenstein

GESCHICHTE

ALTER ab 3 Jahren

ZIELE Konzentration, Aufmerksamkeit, genaues Zuhören

MATERIAL Sitzkissen

Alwin von Drachenstein entführt die Kinder hier zu einem echten Ritterturnier. Im Lauf der Geschichte lernen die Kinder dabei den Ablauf eines Turniers kennen.

Kommen Sie mit den Kindern zu einem Kreis zusammen und lesen Sie ihnen die Geschichte vor.

Geschichte

Alwin von Drachenstein war gerade erst zum Ritter geschlagen worden. Er hatte noch an keinem Turnier teilgenommen und niemand kannte ihn. Doch heute war es so weit: Ein wichtiges Turnier stand an, zu dem der König alle Ritter des Landes auf seine Burg eingeladen hatte. Alwin freute sich schon sehr, denn endlich konnte er allen zeigen, welch ein mutiger und starker Ritter er war.

Schon früh am Morgen bereitete sich Alwin auf das Turnier vor. Er polierte seine Waffen und seine Rüstung, striegelte sein Pferd und beobachtete dabei das Treiben ringsherum. Eine Tribüne war am Rande des Turnierfeldes aufgebaut. Daneben boten Händler ihre Waren auf einem Markt an. An Feuerstellen wurde gekocht und gebraten. Narren, Jongleure und Feuerschlucker zeigten ihre Künste. Es war ein Fest, an dem alle Bewohner der Burg teilnahmen und sich vor allem auf die Ritterspiele freuten.

Endlich verkündeten Fanfaren die Ankunft des Königs. Die Ritter und natürlich auch Alwin stellten sich zur Begrüßung vor dem König auf. Der König nickte nach allen Seiten, dann nahm er mit seinen Gästen auf der Tribüne Platz und gab das Zeichen, mit dem Turnier zu beginnen.

Es wurde die Reihenfolge der Ritter ausgelost, die sich mit Lanze und Pferd bekämpfen sollten. Bald schon traten die ersten Ritter gegeneinander an. Mit gezückten Lanzen ritten sie aufeinander zu.

Alwin beobachtete, wie die Verlierer aus dem Sattel gehoben wurden und zu Boden stürzten. Dann war Alwin an der Reihe. Er ließ sich in den Sattel helfen und die schwere Lanze reichen. Er ritt zum Startpunkt und ging in Kampfstellung, indem er seine Lanze neigte. Er und sein Gegner gaben ihren Pferden den Befehl und preschten aufeinander zu.

Schnell war der Kampf entschieden: Alwin hatte seinen Gegner aus dem Sattel geworfen!

Das Volk und der König jubelten Alwin zu. Nun musste Alwin gegen die Sieger aus den anderen Zweikämpfen antreten. Es war Ritter Richard von Walden, ein gefährlicher Gegner. Durch die Sehschlitze sah Alwin, wie Richard mit gesenkter Lanze auf ihn zu preschte. Alwin trieb sein Pferd an und hart prallte Richards Lanze gegen seine Rüstung. Alwin schwankte. Er hatte Mühe, das Gleichgewicht zu halten, doch er schaffte es und blieb im Sattel. Nun wendete er sein Pferd und startete zum Gegenangriff.

Wieder galoppierten die beiden Kämpfer aufeinander zu und dieses Mal gelang es Alwin, seinen Gegner so heftig zu treffen, dass dieser zu Boden stürzte. Doch sein Gegner war ein schlechter Verlierer, er war schnell wieder auf den Beinen und mit gezogenem Schwert rannte er auf Alwin zu. Alwin sprang auch mit gezogenem Schwert vom Pferd und so standen die beiden Ritter einander gegenüber. Metall klirrte auf Metall, als die Schwerter sich trafen. Doch die Rüstungen der beiden waren schwer und Alwin hatte Mühe, den Schlägen des Gegners auszuweichen.
Plötzlich stolperte Richard von Walden und verlor das Gleichgewicht. Er stürzte zu Boden, lag, von der Rüstung gefangen, hilflos auf dem Rücken und konnte nicht mehr aufstehen. Alle lachten Richard aus und jubelten Alwin zu, auch der König klatschte Beifall. Alwin war der gerechte Sieger.
Das Turnier nahm weiter seinen Lauf. Immer wieder kämpfte Alwin gegen einen der Sieger der anderen Zweikämpfe, bis er am Ende alleine übrig blieb. Er hatte gewonnen! Er, Ritter Alwin von Drachenstein, war der Sieger des Turniers! Der König erhob sich und überreichte Alwin einen goldenen Dolch, den Siegespreis des Turniers.
Alwin war glücklich und zufrieden. Er hatte sich einen Namen als Ritter gemacht und jeder würde noch lange von ihm, dem tapferen Ritter, reden.

Das Festmahl beim Ritterfest

Die Feste dauerten zumeist den ganzen Tag, oft sogar bis spät in die Nacht. Die Diener bauten im Vorfeld mit Holzböcken die Tische auf und deckten sie festlich. Zum Frühstück, zwischen Aufgang der Sonne bis gegen 7 Uhr, gab es Brot mit Wein, Apfelwein oder Bier.
Mittagessen war zwischen 10 und 11 Uhr. Abendessenszeit zwischen 16 und 18 Uhr. In der Küche arbeiteten viele Leute, die das Festmahl vorbereiteten. Meistens gab es Wildschwein, Reh, Huhn, Hecht, Fasan, Pfau und Brot mit Soße. Die beliebtesten Getränke waren Wein, Wein mit Honig, Apfelwein und Bier. Als Nachtisch gab es meistens Pudding, Kuchen und Früchtepasteten. Während des Festmahls zeigten Akrobaten, Jongleure und Tierbändiger ihre Künste. Manchmal trugen Sänger ihre Lieder vor. Nach dem Festmahl jubelten, tanzten und sangen alle Gäste. Es gab auf einem Fest sehr viel zu essen und zu trinken. Die Reste des Festmahls bekamen die armen Leute am Burgtor geschenkt.

32 Die Gaukler kommen!

BEWEGUNGSEINHEIT

ALTER ab 3 Jahren

ZIELE Selbstvertrauen, Spaß und Freude

MATERIAL Ball, Chiffontücher, Musik

Gaukler mussten viele verschiedene Dinge vorführen können, um die Menschen auf einem Fest zu begeistern. Ob die Kinder das auch schaffen?

Kommen Sie mit den Kindern im Bewegungsraum zusammen. Wissen die Kinder, was ein Gaukler ist? Genau, Gaukler brachten die Menschen früher zum Staunen und Lachen. Dazu musste ein Gaukler viele Sachen können. Einige können die Kinder jetzt gemeinsam ausprobieren.

- Gaukler konnten bestimmt tolle Grimassen schneiden. Jedes Kind kann den anderen seine schönste / hässlichste / lustigste / gruseligste Grimasse vorführen.
- Die Gaukler konnten auch tolle Kunststücke vorführen. Auch die Kinder überlegen sich ein Kunststück, wie hüpfen, über den Boden rollen, Purzelbaum, Füße in die Luft strecken und wackeln. Ein Kind kann immer etwas vormachen, die anderen machen es nach.
- Die Gaukler mussten singen können, wer von den Kindern mag, darf aufstehen und ein Lied singen. Die anderen klatschen anschließend Beifall.
- Die Gaukler mussten mit Gegenständen etwas vorführen können. Die Kinder erhalten einen Ball oder Chiffontücher und üben kurz für sich, um dann ein Kunststück vorzuführen, das Sie mit Musik zusätzlich unterstützen können.

Beenden Sie damit die „Gauklerstunde“ und vergessen Sie nicht, die Kinder für ihre tollen Kunststücke zu loben.

Gaukler – Unterhaltungsprogramm auf der Burg

Sie sangen und jonglierten, führten kleine Tricks vor und zeigten akrobatische Kunststücke. Außerdem waren die Gaukler, Artisten und Händler eine Art Nachrichtendienst und brachten Neuigkeiten mit. Sie konnten erzählen, was in anderen Burgen oder anderen Landesteilen passierte, und hielten so die Menschen ähnlich wie heute Zeitungen oder Nachrichtensendungen auf dem Laufenden.

33 Musikinstrumente für die Gaukler

KREATIVAKTION

ALTER ab 3 Jahren

ZIELE Kreativität, Feinmotorik, Rhythmusgefühl

MATERIAL Schachtel von Käseecken, ein Stock (30 cm), Schnur, zwei Holzkugeln, Klebeband, Schere, Kleber, Fingerfarbe, Pinsel, Pappteller, Faden, Glöckchen

Gaukler bereicherten jedes Burgfest mit ihrer Musik und ihrer guten Laune. Vielleicht spielten sie auf Instrumenten wie den Folgenden. Hier sind zwei Bastelanleitungen für Musikinstrumente, die spielerisch das Rhythmusgefühl entwickeln und Freude am Musizieren wecken.

Handdrehtrommel

Durch die geschlossene Käseschachtel am Rand von oben nach unten ein Loch bohren und dort den Stock hindurchstecken. Mit Kleber und Klebeband so fixieren, dass der Stock nicht mehr verrutschen kann. Nun umrunden die Kinder die Verpackung einmal mit Klebeband, sodass sie nicht mehr zu öffnen ist. Die Schachtel mit der Fingerfarbe bemalen oder mit Papierkreisen bekleben.

Nach dem Trocknen links und rechts jeweils nebeneinander zwei kleine Löcher bohren. Durch diese Löcher wird auf jeder Seite mit einer Nadel eine etwa 12 cm lange Schnur gezogen und verknotet. Am anderen Ende der Schnur befestigen die Kinder die Holzkugeln mit einem festen Knoten. Achtung: Achten Sie darauf, dass die Schnur nicht zu lang ist, sonst hängen die Kugeln zu weit herunter und schlagen beim Drehen nicht auf die Schachtel. Testen Sie mit den Kindern die optimale Schnurlänge für ihre Schachtel!

Jetzt können die Kinder die Handdrehtrommel zwischen beide Hände nehmen und durch Hin- und Herdrehen die Kugeln an die Schachtel schlagen lassen.

Schellenring

Für den Schellenring bemalen die Kinder zuerst den Pappteller mit Fingerfarbe.

Wenn der Teller getrocknet ist, am Rand in einem regelmäßigen Abstand 6 bis 8 Löcher bohren. Durch diese Löcher den Faden schieben und mit einem festen Knoten die Glöckchen am Pappteller anbinden. Die Fadenreste abschneiden und schon kann mit dem Schellenring musiziert werden.

34 Die Ritter reiten durch den Wald

LIED

ALTER ab 3 Jahren

ZIELE Melodie einprägen, Merkfähigkeit, Rhythmusgefühl

MATERIAL Sitzkissen

Dieses Lied können alle schnell mitsingen, denn es passt auf die Melodie des bekannten Liedes „Die Affen rasen durch den Wald".

Im Sitzkreis lesen Sie zuerst den Text einer Strophe vor und singen diese anschließend. Ob die Kinder schon mitsingen können? Singen Sie das Lied einmal ganz durch und die Kinder versuchen mitzusingen.

Die Ritter reiten durch den Wald

1. Die Ritter reiten durch den Wald. Der eine macht den ander'n kalt.
   Die ganze Ritterbande brüllt:

   Refrain I:
   Wo ist die Schatzkiste, wo ist die Schatzkiste, wer hat die Schatzkiste geklaut?
   Wo ist die Schatzkiste, wo ist die Schatzkiste, wer hat die Schatzkiste geklaut?

2. Der Knappe Heini sitzt am Fluss und angelt nach ihr voll Genuss.
   Die ganze Ritterbande brüllt:
   Refrain I: Wo ist die …

3. Der Herold Walter, welch ein Graus, reißt alle Eichenbäume aus.
   Die ganze Ritterbande brüllt:
   Refrain I: Wo ist die …

4. Die Burgfrau Aura kommt von fern, sie liebt die Edelstein' so gern.
   Die ganze Ritterbande brüllt:
   Refrain I: Wo ist die …

5. Der Hofnarr Henri ist famos, er sucht im Stall beim Schwein Carlos.
   Die ganze Ritterbande brüllt:
   Refrain I: Wo ist die …

6. Die Magd steigt mutig ins Verlies, ob jemand Schmuck hier liegen ließ.
Die ganze Ritterbande brüllt:
Refrain I: Wo ist die …

7. Des Königs Frau schreibt eine Liste und zählt den Schatz in der großen Kiste.
Die ganze Ritterbande brüllt:

Refrain II:
Da ist die Schatzkiste, da ist die Schatzkiste, sie hat die Schatzkiste geklaut!
Da ist die Schatzkiste, da ist die Schatzkiste, sie hat die Schatzkiste geklaut!

8. Der König Otto schreit: Hurra! Die Schatzkiste ist wieder da.
Die ganze Ritterbande brüllt:
Refrain II: Da ist die …

9. Und die Moral von der Geschicht': Schatzkisten, die klaut man nicht!
Weil sonst die Ritterbande brüllt:
Refrain I: Wo ist die …

35 Das Ritterturnier

WETTSPIELE

ALTER ab 3 Jahren

ZIELE Grobmotorik, Gemeinschafsgefühl

MATERIAL Kopiervorlage „Urkunde", Besenstiel, Steine, Filzstift, 4 Wannen, 2 Plastikbecher, Stoppuhr, Tau, kurzes Seil, Hula-Hopp-Reifen, Tennisbälle

Wie bei einem echten Ritterturnier finden hier spannende Wettkämpfe mit viel sportlicher Betätigung statt. Am meisten Spaß macht dieses Turnier im Freien, etwa auf einer großen Wiese. Auch an einem Kita-Ritterfest und gemeinsam mit den Familien machen diese Spiele Riesenspaß!

Lanzenwerfen

Für das Lanzenwerfen beschriften Sie zunächst Steine mit den Namen der Kinder.
Ein Besenstiel wird als Lanze gestaltet und die Kinder versuchen, diese von einer Grundlinie aus möglichst weit zu werfen. Achten Sie darauf, dass alle anderen Kinder in einem gewissen Abstand zum Werfer auch hinter der Grundlinie stehen. Nach dem Wurf legt jeder Werfer den Stein mit seinem Namen dort ab, wo seine „Lanze" aufgekommen ist. Somit können Sie einen Sieger des Lanzenwerfens ermitteln.

Wassereimerlauf

Bilden Sie zwei Mannschaften. Für jede Mannschaft stehen in einem Abstand von 10 Metern eine gefüllte Wanne mit Wasser und eine leere Wanne bereit. Jede Mannschaft erhält einen Becher. Damit muss aus der vollen Wanne Wasser geholt und in die leere Wanne transportiert werden. Geben Sie eine Zeit vor, wie lange „geschöpft" werden soll. Nach dieser Zeit schauen Sie nach, welche Mannschaft das meiste Wasser transportiert hat, und diese ist die siegreiche Mannschaft.

Tauziehen

Legen Sie eine Grundlinie mit einem Seil aus. In der Mitte dieser Linie legen Sie das Tau zurecht. Bilden Sie wiederum zwei in etwa gleich starke Mannschaften. Auf ein Kommando hin, etwa „Rittersleut', zieht!", greifen alle am Tau an und beginnen zu ziehen. Welche Mannschaft es schafft, die andere komplett bis auf das letzte Kind über die Mittellinie zu ziehen, ist der Sieger.

Drei-Bein-Lauf

Es treten immer zwei Paare gegeneinander an. Zwei Kinder stellen sich nebeneinander und bekommen am Knöchel die Beine zusammengebunden. Die Paare müssen nun eine festgelegte Strecke bewältigen. Das Paar, das als erstes dreibeinig ins Ziel einläuft, hat gewonnen.

Kanonen schießen

Hängen Sie einen Hula-Hopp-Reifen in Kopfhöhe der Kinder auf. Ein Kind stellt sich in einem Abstand von etwa 3 bis 5 Metern vor diesen Reifen und erhält drei Tennisbälle. Es muss versuchen, mit den Bällen durch den Reifen zu werfen.
Daraus entsteht ein Ausscheidungswettkampf. Die Kinder, die mit ihren Bällen nach jeder Runde die wenigsten Treffer erzielt haben, scheiden aus, bis ein Sieger feststeht.

TIPP Nach Beendigung des Turniers freut sich jeder Ritter bestimmt über eine Ritterurkunde.

36 Der Reitparcours

BEWEGUNGSAKTION

ALTER ab 3 Jahren

ZIELE Grobmotorik, Fantasie

MATERIAL für jedes Kind einen Gymnastikstab, blaue Müllsäcke, Seile, Stühle, Krepppapier, Stoppuhr

Zu jedem Ritter gehört natürlich ein stattliches Ross. In diesem Parcours starten darum alle Ritter mit ihrem Pferd.

Bauen Sie den Parcours im Bewegungsraum oder im Freien auf. Dazu legen Sie am besten zunächst einen Rundkurs fest. Auf diesem Kurs können Sie beispielsweise zwei Müllsäcke als Wassergraben auslegen und mit Stühlen und Seilen verschieden hohe Hindernisse aufbauen. Dazu einfach zwei Stühle im gewissen Abstand zueinander aufstellen und ein Seil dazwischenspannen. Gestalten Sie die Hindernisse aber nicht zu hoch, denn die „Reiter" müssen noch darüber hinwegkommen. Krepppapierstreifen, die Sie über die Seile hängen, garantieren, dass alle Hindernisse auch gesehen werden.

Kommen Sie mit den Kindern am Parcours zusammen und besprechen, dass sie heute als Ritter einen Reitparcours bewältigen müssen. Dazu erhält jedes Kind sein „Pferd", den Gymnastikstab, den es sich zwischen die Beine klemmen darf. Zuerst bewegen sich die Kinder mit diesem Stab, um ein Gefühl für die Bewegung zu bekommen. Besprechen Sie anschließend den Parcours. Die Kinder durchreiten den Parcours und springen über die Hindernisse. Wer den Parcours bewältigt, ist Sieger. Alternativ können Sie auch ein Wettspiel daraus machen und die Zeiten der einzelnen Ritter stoppen. Werden die Hindernisse berührt, gibt es Strafsekunden auf die Zeit. Gewonnen hat der Ritter mit der besten Zeit.

37 „Arme Ritter"

BACKEN UND KOCHEN

ALTER ab 3 Jahren

ZIELE backen, kochen, Umgang mit Lebensmitteln, Arbeitsabläufe in der Küche kennenlernen

MATERIAL Schüssel, Schneebesen, Pfanne, Pfannenwender

ZUTATEN eine Packung Toastbrot, 5 Eier, 400 ml Milch, 2 Esslöffel Zucker, ½ Teelöffel Zimt, Öl

„Arme Ritter" kennen Sie vielleicht noch aus Ihrer eigenen Kindheit. Mit wenig Zucker können nun auch die Kinder den Klassiker kennenlernen. Milch, Zucker, Eier und Zimt in einer großen Schüssel gut verquirlen. Die Toastbrotscheiben kurz in der Eiermilch einweichen.

Das Öl in einer beschichteten Pfanne erhitzen. Die Toastscheiben in die Pfanne legen und von jeder Seite etwa zwei Minuten goldbraun backen.

TIPP Vor dem Backen können die Kinder die eingeweichten Scheiben zusätzlich noch in Paniermehl wälzen. Zu den „Armen Rittern" schmecken Apfelmus oder Vanillesoße.

38 Die Kuchenburg

BACKEN UND KOCHEN

ALTER ab 4 Jahren

ZIELE backen, kochen, Umgang mit Lebensmitteln, Arbeitsabläufe in der Küche kennenlernen, Feinmotorik, Fantasie

ZUTATEN 5 fertige Kastenkuchen mit Schokoüberzug, 2 Päckchen Schoko-Minikekse, weiße und braune Schokoladenkuvertüre, Backoblaten

MATERIAL Topf, Wasser, Blechschüssel, Löffel, Kuchenpinsel, graues Tonpapier, Schere, Kleber, Ritterfiguren

Ein Kuchen in Form einer Burg? Das ist der Hingucker auf Ihrem Ritterfest – oder eine tolle Überraschung für die Kinder, auch wenn kein Festtag ansteht.

Für diese Ritterburg fünf fertige Kastenkuchen mit Schokoladenüberzug kaufen. Alternativ können Sie die Kuchen natürlich auch selbst backen. Dann können Sie kleine Backformen wählen, sodass Sie aus einer Portion Kuchenteig jeweils zwei bis drei Kuchen backen können.

Vier der Kuchen werden als Burgmauer zu einem Quadrat gestellt, einen Kuchen stellen die Kinder senkrecht als Turm oder Burgfried in die Mitte des Quadrats.
Mit der geschmolzenen braunen Kuvertüre können Sie oder die Kinder die Minikekse, mit der Schokoladenseite nach außen, wie Zinnen auf die Kuchen kleben. Mit der weißen Kuvertüre oder mit Backoblaten können sie gemeinsam Fenster, Türen und das Burgtor gestalten.
Damit es noch mehr wie eine Burg aussieht, ergänzen Sie aus grauem Tonpapier vier Türme (Maße hier etwa 8 x 8 x 10 cm), die als Ecktürme an das Kuchenviereck gesetzt werden. Als Dekoration können noch kleine Spielzeugritter die Kuchenburg bevölkern.

39 Der Rittertrunk

BACKEN UND KOCHEN

ALTER ab 3 Jahren

ZIELE backen, kochen, Umgang mit Lebensmitteln, Arbeitsabläufe in der Küche kennenlernen

MATERIAL Topf, Schneebesen, Krug

ZUTATEN 1 Liter Wasser, 200 g Honig, 1 Liter heller Traubensaft, Zimt

Bei einem Burgfest darf ein Rittertrunk nicht fehlen. Ein alkoholfreier Honigmet schmeckt den Kindern warm oder kalt.

Bereiten Sie mit den Kindern das Getränk des Mittelalters zu. Bringen Sie das Wasser zum Kochen und rühren den Honig ein. Den Topf vom Herd nehmen und mit dem Traubensaft auffüllen. Nach Geschmack können Sie noch mit Zimt nachwürzen. Nach dem Abkühlen in einen Krug füllen und schon können die Kinder ihren Honigmet genießen.

Honigmet – Getränk der Rittersleute

Honigmet oder auch Honigwein ist ein alkoholisches Getränk aus Honig, Wasser und einem Fruchtzusatz wie Apfel oder Trauben. Wahrscheinlich entstand der Met aus einer zufälligen Gärung, als er über einen längeren Zeitraum stehen blieb. Der Met war neben Bier eines der beliebtesten Getränke im Mittelalter. Auch heute kann man Honigmet noch als alkoholisches Getränk kaufen, nur wird die Gärung mittels Hefe durchgeführt.

40 Ein Ritterfest

PROJEKTABSCHLUSS

ALTER ab 3 Jahren

ZIELE Gemeinschaftsgefühl, Vertiefung des Gelernten, Feiern und Freuen

MATERIAL Kopiervorlage „Einladung zum Ritterfest“, Verkleidung, Verpflegung, Dekoration, Spiele

Ein Ritterfest ist der krönende Abschluss für Ihr Ritter-und-Burgen-Thema. Hier können die Kinder alle Eindrücke noch einmal vertiefen. Ein Fest stärkt auch das Gemeinschaftsgefühl.

So könnte Ihr Ritterfest ablaufen

Verkleidung

Alle Kinder kommen als Ritter oder Burgfräulein verkleidet, etwa mit ihren selbst gebastelten Helmen und Hüten. Dazu können die Mädchen ein Kleid tragen und die Jungs ein Erwachsenen-T-Shirt, das in der Mitte mit einer Kordel zusammengehalten wird.

Verpflegung

Hier kommen der Burgkuchen und der Rittertrunk aus diesem Heft zum Einsatz. Auch die „Armen Ritter“ schmecken bestimmt allen.

Dekoration

Dekorieren können Sie den Gruppenraum z. B. mit den selbst entworfenen Wappen der Kinder.

Spiele

Für Partyspiele finden Sie in der ganzen Projektmappe sehr viele Anregungen, die zu einem Ritterturnier ausgebaut werden können. Überreichen Sie den Kindern am Schluss eine Ritterurkunde, deren Vorlage Sie im Anhang finden.

TIPP Feiern Sie gemeinsam mit den Eltern der Kinder, so erhalten diese einen Einblick in den Ablauf des Projektes und lernen sich zudem gegenseitig besser kennen.

Die Rückanwort bitte bis zum .... abgeben.

Familie ....

nimmt mit .... Personen am Ritterfest teil.

.... Datum

.... Unterschrift

Urkunde

HIERMIT SEIST DU ZUM RITTER GESCHLAGEN
UND TRÄGST DEN NAMEN

....

NAME DES RITTERS

Ritter Spielfigur

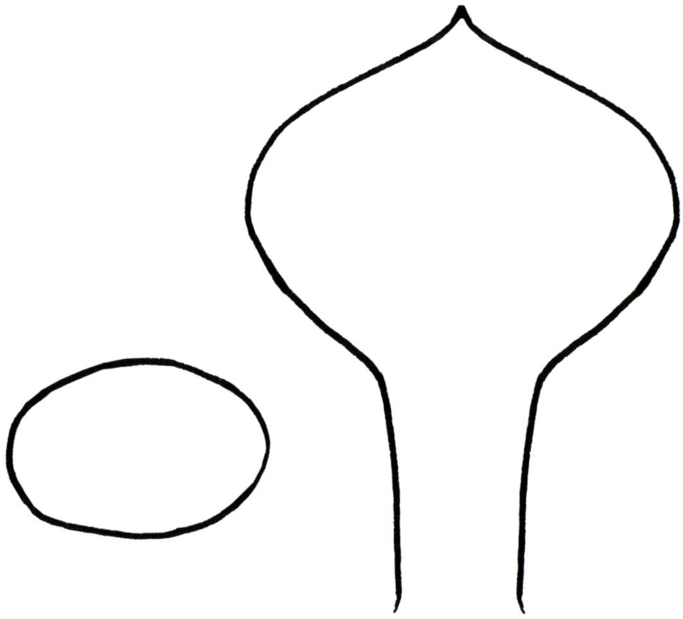

Ritter 1

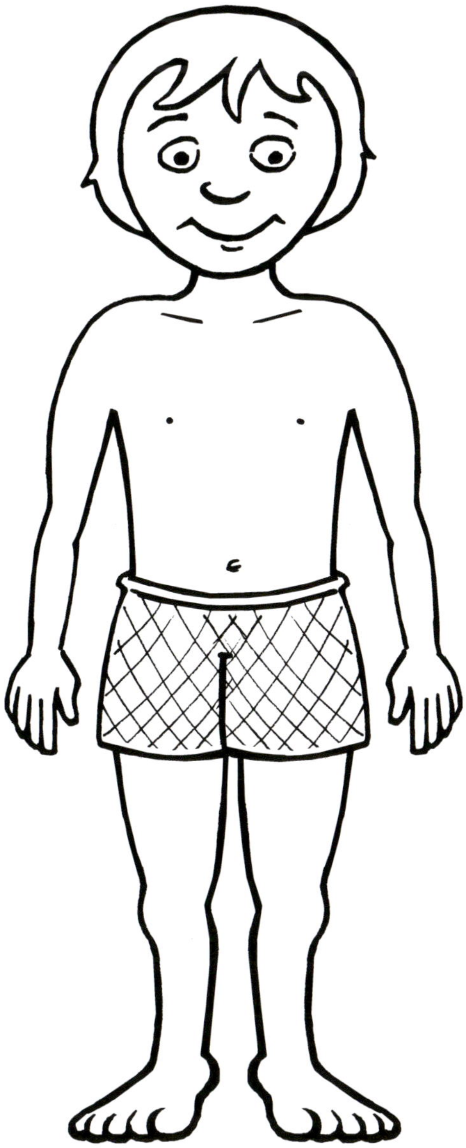

9

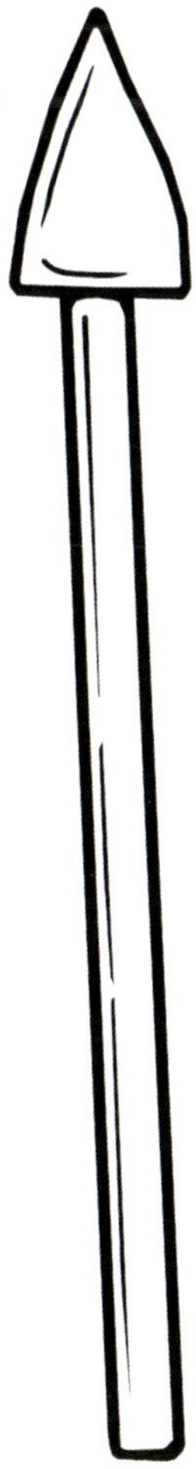

9

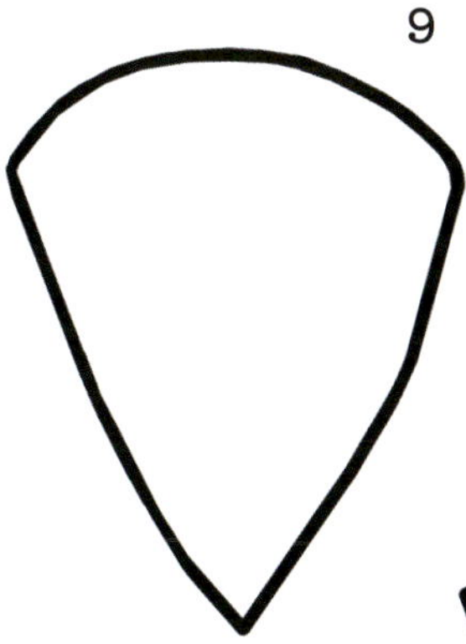

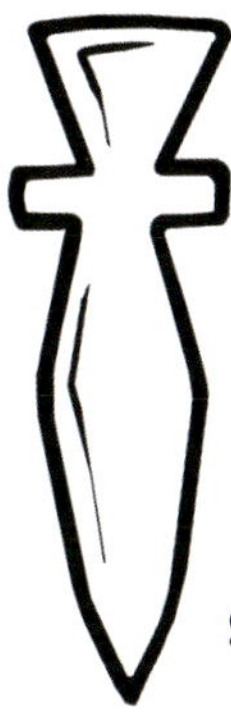

9

Ritter 2

Gespenst

Bibliografische Information der Deutschen Bibliothek
Die Deutsche Bibliothek verzeichnet diese Publikation in der Deutschen Nationalbibliografie; detaillierte bibliografische Daten sind im Internet über http://dnb.ddb.de abrufbar.

1. Auflage 2020

Texte: Anja Mohr
Illustrationen: Rebecca Meyer
Abbildungen: Alle Fotos von Anja Mohr mit Ausnahme von Cover © Sébastien Closs – Adobe Stock, Fond S. 7/25/45/59 © Robert Schneider – Adobe Stock, S. 7/14 © Liane – Adobe Stock, S. 25 © Masson – Adobe Stock, S. 45 © lavillia – Adobe Stock, S. 59 © pripir – Adobe Stock

Druck und Bindung: DZS Grafik

ISBN 978-3-7806-5145-7